季節の海産物と畑のフランス料理

はじめに

フランスでの修業を終え、東京・銀座のレストランではじめてシェフになったばかりの頃は、この目で見て体で覚えたフランスの食文化に対し、無条件といってよいほど深い尊敬の念を抱いていた。現地で吸収したものをできる限りそのままの形で伝えることが、フランス料理人としてのあるべき姿なのだと信じていた。

それが、三浦半島の港ですばらしい海産物と出会い、自然な環境で健康に育った素材にふれたことをきっかけに、素材の持ち味をとことん引き出した先にある「おいしさの本質」について考えを巡らすようになった。そうして次第に「フランス料理らしさ」よりも、ただ自分自身の味覚に素直になり、それまでの人生で心から感動した味や香りを正直に皿の上にのせたいと強く願うように変化していったのである。

子どもの頃、田んぼで獲った貝の味、あぜ道を歩いたときに感じた麦畑の香り、漁師に食べさせてもらった獲れたての鰯のとろける甘さ、畑で土ごとかじったにんじんの歯ざわり。フランス料理の技術を用いながら、自分が持つ最高の思い出をお客様と共有したい。歳を重ねるごとに増えていく味覚の記憶とともに、僕の料理は少しずつ進化を遂げていった。

2024年、フランス料理人になってから45年、ヌキテパは開店30周年を迎える。

短くはない人生のなかでたどり着いた現在地の料理を、集大成としてまとめたのがこの本である。いまでは僕の代名詞となった「土の料理」をはじめ、スープ・ド・ポワソン、はまぐりの密封焼きといったヌキテパを長年支えてきた料理たち。これらを幼少期、フランスでの修業時代、港へ通いつめた日々など、その料理が生まれた味覚の記憶とともに綴っている。料理を通じて、自分の人生と感性をありのままにさらけ出した自叙伝といえるかもしれない。

最後の章では、次の30年に向けて取り組む新作を取り上げた。いくつになっても尽きない、いや、より旺盛になっていると感じる創作への意欲とともに、今日もまた僕は調理場に立ち続ける。

ヌキテパ　田辺年男

1989

本書のレシピについて

- 本書では、料理の味のイメージがふくらむようにレシピを紹介しています。ただし、素材の状態によって味つけはそのつど調整しているため、詳細な分量については、ドレッシングなどの一部を除き、記載していません。実践される場合は、素材の状態や好みに応じて自由に調整してください。
- レシピに記載しているバターは食塩不使用タイプ、オリーブオイルはピュア・オリーブオイル、生クリームは乳脂肪分35％のものを使用しています。
- フレンチドレッシングには、そのときどきに応じて、マスタード、シェリーヴィネガー、ハーブなどを加えて味を調整しています。
- 調理温度や時間は、ヌキテパの調理場での目安です。素材の状態、調理環境に合わせて調整してください。
- 紹介しているレシピは2024年1月現在のものです。

少年時代の味の追憶

思えば、
遠くへ
来たもんだ

少年時代[illegible]憶
はまぐり

シューッと
湯気が上がって
サッと
サーブする

生まれ育ったのは、いまなら日本の原風景とでも呼ばれそうな、何もない水戸の里山だった。近くの小川で釣りをしたり、山へ虫捕りに出かけたり、その辺に実っている柿や栗を拾い集めたりと、少年の僕にとっては、自然との戯れが、最高の遊びだった。

近所の用水路で釣りやカエル採りをしていると、ふと足に固いものが当たる。カラス貝だ。この黒くて大きな貝を嬉々として集めて帰り、七輪で焼いておやつがわりによく食べた。

鮮魚店を営んでいた父は、それを見て「貝はしっかり焦がしたほうがうまいぞ」としたり顔で教えてくれた。子どもの頃の僕は父の言いつけをよく守り、殻が開いたカラス貝にちょろっと醤油をたらしたら、良い香りが煙と共に立ちのぼる姿を見つめながら、貝殻が黒く焦げるまでじっと我慢していたものだ。

成長するにしたがって、遊び場は用水路から海へと変わり、海の家で焼きはまぐりを買って食べる機会が増えた。だが、どこの焼きはまぐりも殻が開いたら焼くのをやめてしまう。確かに身はふっくらとしているのだが、少年の頃に食べたカラス貝のように焦げた香ばしさがまるでなく、どこか物足りない。

1988年に「あ・た・ごおる」を開き、念願だった一国一城の主人となった僕は、カラス貝で味わったあの香ばしいおいしさをお客様に味わってもらうべく、はまぐりを直火で豪快に、心ゆくまで焼いた。以来、この真っ黒に焦げたはまぐりは、僕の看板料理になってしまったのである。

そのまま焼くと、殻が開いた途端にうま味の詰まったジュがこぼれてしまうので、蝶番をあらかじめナイフで切り、殻がひとりでに開かないようにする。これを直火にかけ、40秒経ったら裏返すこと4回。わずか3分弱と、短時間で一気に焦がすのがコツだ。殻の中の海水とジュが煮詰まって味が凝縮し、殻の内側にも焦げた風味が広がって、香り高い焼きはまぐりが完成する。

今回使用したのは、茨城県鹿島灘で採れた約150gの大はまぐり。ほかにも大洗や波崎など、茨城県の各地域では漁師たちが海の豊かさを守るべく、自ら漁期を厳しく制限しており、はまぐりが大きく育つ。
水産加工業を営む安住幸雄さんは、漁師たちから買い取ったはまぐりを敷地内の砂浜に埋めなおし、生育環境にごく近い自然のなかで活かしている。注文するたびにそこから掘り起こし、砂抜きして送ってくれるので、鮮度も味も抜群のものが手に入る。

はまぐりの密封焼き

Recipe

1 ナイフではまぐりの蝶番を切る。
2 コンロに網をのせ、はまぐりを置いて強火でよく焼く。40秒ごとに裏返し、殻全体を真っ黒く焦がす。

牡蠣

生牡蠣とルッコラのソース
レモンのグラニテ

Recipe

1　水100㎖に小さじ半分の粉寒天を加え、火にかけて溶かす。火からおろしてさまし、レモン汁を2〜3個分加える。ラップを敷いた平らな皿に薄く流し、冷凍庫で凍らせる。
2　ルッコラのソースを作る。ルッコラは柔らかめにゆで、ミキサーが回る程度の煮汁とともにミキサーにかけて裏漉す。塩少々で味を調える。
3　牡蠣は殻から出し、塩水のなかでていねいに洗って水気を拭き取る。
4　皿に牡蠣を盛りつけ、ルッコラのソースを流す。1のレモンのグラニテを適度な大きさに割ってのせ、小口切りにしたシブレットを散らす。

生まれ育った水戸の冬は厳しい。

冬になると、店先で売られている酢牡蠣（酢漬けにした生牡蠣のこと）の表面にはうっすらと氷が張ってしまう。だが、その氷を牡蠣と一緒にほおばると、ジャリジャリとした氷の食感がよいアクセントになり、口の中で牡蠣が徐々に温められてうま味がじんわりと広がっていく。常温で食べる酢牡蠣とはひと味もふた味も違う、とびきりのごちそうに変身する。

フランスでは、生牡蠣は大皿にこれでもかと盛りつけられ、レモンをたっぷり絞って白ワインと一緒に心ゆくまで満喫するのが定番スタイル。フランスでの修業時代には、僕もそれを真似てディナーで60個もの牡蠣をぺろりとたいらげたものだ。そんなフランス流の食べ方に、子供時代の思い出をそっと忍ばせ、レモンを絞るかわりにレモンのグラニテを添えたのが、この料理である。

グラニテは薄ければ薄いほど、口の中ですばやく溶けて味わいに一体感が出る。そこで、レモン汁に寒天をほんの少しだけ加えて皿に伸ばし、冷凍庫で冷やし固める。寒天を加えることで伸びがよくなり、より薄く伸ばすことができる。

仕上げに、ルッコラのソースを流す。このソースには苦味が大事なので、水耕栽培されたやさしい味わいのルッコラではなく、健康的で茎が太く、しっかりと苦味のきいた露路栽培ものを使う。

牡蠣は殻を開けたら、塩水の中でていねいに洗う。真水で洗うなんてもってのほか！　塩水で洗うことで、牡蠣が持つうま味と塩味がしっかり身に残り、本来の味わいが楽しめる。

少年時代の味の追憶

ザリガニ

厳しい冬が終わり、暖かい季節になると外遊びに夢中になった。なかでも一番の遊び場は田んぼで、たこ糸にスルメイカを結びつけてザリガニを釣ったり、ドジョウを泥から掘り起こしたり。おやつになりそうなものは片っ端からバケツいっぱいになるまでよく採ったものだ。

それを持って帰ったら丸一日泥抜きし、ザリガニはほんの少しの水だけ入れて鍋で蒸しあげる。仕上げに刻んだねぎと醤油をたらーっとたらすと、焦げた醤油と殻の香りが混ざり合って、なんともいえずおいしい。

子供の頃の遊びは、いつも食べることまでがセットになっていた。

そんな懐かしの味を、あえてそのまま再現。水と一緒に刻んだエシャロットを入れて香りづけ、少しだけフランスの香りをまとわせている。昔食べたザリガニは泥抜きをしてみてもやはり泥臭さが残ったが、いま店で扱っている北海道・阿寒湖産のウチダザリガニは臭みなどまるでなく、ずっと繊細な味わい。殻を手でむいて、気取らずかぶりついてほしい。

こいつには
幼い頃の
思い出の味が
詰まってる

ザリガニの蒸し焼き

Recipe

1　生きたザリガニを使う場合は、必要に応じて水を張ったバケツに1日程度入れて泥抜きする。
2　鍋にザリガニ、少量の水、みじん切りにしたエシャロットを入れて蓋をし、中火で7〜8分ほど蒸し焼きにする。
3　殻の色が変わったら仕上げに醤油をさっとふりかけ、香ばしい香りが立ったら取り出す。頭、爪、胴体とに分け、胴体は殻をむいて盛りつける。

ドジョウ

秋になって稲刈りが終わり、田んぼに水がなくなってくると、泥にたくさんの穴が空いている。

これはドジョウの空気穴で、穴の周囲をごっそり手で掘り起こすと元気なドジョウが見つかる。

水を張ったバケツに1日ほど入れて泥抜きをしたら、生きたまま鍋に入れて蓋をし、そのまま火にかける。はじめのうちは鍋からキュッキュッと音が鳴っているのだが、そのうち静かになっておいしい香りが立ってきたら煮上がりだ。仕上

パチパチ
音が変わったら

げに醤油と砂糖を入れて甘辛く味つける。やはり少し泥臭いのだが、大地をそのまま味わっている感じがしてそれがまたおいしかった。

お客様にこんな昔話をしていたら、「その料理が食べたい！」とリクエストをいただくようになり、ちょくちょくドジョウを出すようになった。

ドジョウは適切に泥抜きしても特有のくせが残る。これが魅力でもあるのだが、お客様は食べなれていない方が多いので、生きている状態で片栗粉をまぶし、フリットにしてくせを和らげている。揚げる前には瞬間冷凍にかけて仮死状態にしてやると、鮮度のよさを維持しながら油跳ねも防げて安心だ。

味つけは塩だけでシンプルに。そのぶん、付け合わせとしてディル、バジル、あさつき、フェンネル、セルフィーユ、セージ、ミントなど、個性の強い香草といんげんを素揚げにしてたっぷり盛り合わせ、爽やかな香りに仕上げている。

ドジョウと香草の素揚げ

Recipe

1 ドジョウは水を張ったバケツに1日ほど入れて泥抜きする。すでに泥抜きされている場合はこの工程は不要。水気を拭き取り、瞬間冷凍にかけて仮死状態にする。
2 片栗粉をドジョウにまぶし、180度のサラダ油で全体をカリッと揚げ、油を切って塩をふる。
3 ディル、バジル、あさつき、フェンネル、セージ、ミント、半分に切ったいんげんを180度のサラダ油で素揚げし、油を切って塩をふる。
4 皿にドジョウのフリットをのせ、ハーブといんげんの素揚げを上にたっぷり盛る。

和栗

和栗の季節になると、毎年ゆでた和栗をピュレにして、マロンパイのデザートを作っているのだが、2022年は和栗が豊作で、マロンパイだけでは使いきれないほどたくさん手に入った。山盛りの和栗を前に、どうしたものかと頭を捻っていたところ、ふと懐かしい記憶が蘇った。

　僕が育ったのは昔ながらの田舎の家で、庭には柿や栗の立派な樹が植えられていた。秋になると落ちた栗

塩モンブラン

Recipe

1　和栗は鬼皮つきのまま、沸騰した湯で20〜30分ほど柔らかくなるまでゆでる。ザルにあげ、半分に切ってスプーンで中身を取り出す。
2　残った鬼皮を水に入れ、沸騰してから15〜20分ほど煮て、ほろ苦いブイヨンを作る。
3　栗に対して10％量の溶かしバター、鬼皮のブイヨン少々と一緒に栗をロボクープにかけ、ピュレ状にする。塩で味を調える。
4　1㎝厚さに切ったバゲットを200度のオーブンでカリカリになるまで焼いてメルバトーストを作り、さめたら手で適度な大きさに割る。
5　生クリームを8分立てにする。
6　皿にメルバトーストと薄切りにしてちぎった黒トリュフをちらし、真ん中に生クリームをのせる。
7　丸口金をつけた絞り袋に和栗ピュレを入れ、生クリームを覆うように円錐形に絞る。上に黒トリュフのスライスを飾って仕上げる。

を拾い、足でいがを踏んづけて実を取り出し、ゆで栗にしてよく食べたものだ。「生でも食べられる？」と母に訊ねたら「食べてみたらいい」とそそのかされ、生のままかじってみるとあまりに渋くて涙目になったのをよく覚えている。

そんな茶目っ気のある母の姿とともに、僕にとって栗は「甘くないおやつ」だったことを思い出した。そこで、和栗をゆでて、溶かしバターと一緒にロボクープで回し、砂糖のかわりに少しだけ塩を入れてピュレにしてみると、それだけで十分すぎるほどにおいしい。すぐにオードブルに使おうと決め、カリカリになるまで焼いたメルバトーストにホイップした生クリームをのせ、丸口金で和栗ピュレを絞り、甘くない塩モンブランを完成させた。少年時代から60年経って生まれた新作である。

舌の記憶は何年経っても色あせず、いつでも新鮮なアイデアを与えてくれる。

みかん

子供の頃から、冬にこたつの上に置きっぱなしにされているみかんが好きだった。こたつの熱で表面が乾き、薄皮までカリッとしてしまっているのだが、ジューシーな実と皮の食感の対比がよくて、もぎたてのみずみずしいみかんよりも、なぜか味が濃厚でおいしく感じられた。

そんな「こたつみかん」の懐かしい味を思い出し、ミニマロンパイに香ばしく焦がした焼きみかんを皮ごと添えてみた。みかんの皮はほろ苦く、焼くことで香りも出てくるので、甘味の強いマロンパイの味を上手に引き締めてくれる。

使ったのは、ヌキテパの庭で採れたみかん。1本の木から300個もの実が収穫でき、とても甘い。もちろん無農薬なので、皮ごと安心して食べられる。

マロンパイには和栗のグラッセを丸ごと1粒入れてある。グラッセを作るときは、はじめから砂糖を大量に入れて煮ると栗が固くなってしまうため、糖分濃度の低いシロップから煮はじめ、3日かけて少しずつ砂糖を増やし、最終的に30ボーメのシロップにして、徐々に甘味を染み込ませていくのがポイントだ。マロングラッセのまわりは、アーモンドの風味をきかせたクレーム・ダマンドで覆い、マロンパイ自体も香り高く仕上げている。

マロンパイとこたつみかん

Recipe

1　和栗は鬼皮を取り、柔らかくなるまでゆでて、渋皮を取り除く。一度では取りきれないので、3〜4回ほどゆでて少しずつ渋皮を取り除く。
2　300gの水に対してグラニュー糖130gを入れたシロップに栗を入れ、弱火で1時間ほど煮る。シロップにつけたまま一晩さます。
3　2にグラニュー糖を130g足し、30分煮てさまし、翌日にさらに130gを足して煮て、最終的にシロップを30ボーメにし、栗に味を染み込ませてグラッセにする。
4　クレーム・ダマンドを作る。ボウルに同量の卵白、グラニュー糖、アーモンドパウダー、ひと肌に温めた焦がしバターを入れ、泡立て器でよく混ぜ合わせる。
5　水気を拭き取ったマロングラッセにクレーム・ダマンドを張りつけ、2㎜厚さに伸ばしたフィユタージュで包む。上面に卵黄を刷毛で塗り、200度のオーブンで10〜12分焼く。
6　みかんの皮をむき、皮と実をそれぞれ網で焼いて軽く焦がす。
7　皿にマロンパイとみかんの皮と実をのせ、粉糖をちらす。

港で出会った素材の本質

運命を変えた三崎のひしこ鰯

魚嫌いだった僕が、いやいやながら小さなひしこ鰯を口に入れたのは、フランス料理人になって半年が経った頃だった。当時働いていた「フィッシャーマン」という地中海料理店のオーナーに頼まれ、三浦半島の最南端に位置する三崎港へ訪れたとき、偶然そこの網元※に出会い、獲れたてのひしこ鰯を生のまま手渡されたのだ。

実家が鮮魚店を営んでいたから、子供の頃の家庭のおかずといえば、売れ残りの魚だった。あまりものばかり食べていたせいか「魚は臭くてまずい」という思い込みに縛られ、大人になる頃には、料理はしても自分では決して食べないというほど、筋金入りの魚嫌いに成長していた。

「騙されたと思って食べてごらん」

網元の石井泰人さんはひしこ鰯を指でさっとさばき、小指ほどの小さな身を酢でじゃぶじゃぶ洗って渡してくれた。恐る恐る口に運ぶ。その瞬間、あまりのうまさに身体に電撃が走った。生臭さなどまるでなく、とろりと甘くて自然の海に揉まれてきた力強い味がする。

今まで食べてきた魚は一体なんだったんだ!?

気づくとひしこ鰯を夢中になって丼一杯たいらげ、家路に着く頃には「これからは魚料理に絞ってやっていこう」と心に決めてしまったのだった。

三崎の魚にすっかり惚れ込んだ僕は、獲れたての魚を求めて1日おきに石井さんのもとへ通いつめるようになった。

網元である石井さんは直接漁には出ず、個人で漁船を持っている漁師たちから魚を買い、店に出していた。石井さんと漁師たちは強い信頼で結ばれていて、自分たちの魚に対する誇りに満ち溢れていた。

午前中に三崎に着くと、天候によっては漁師がまだ海から戻っていないことも多く、そんなときは石井さんの店で漁師が帰ってくるのを一緒に待った。待っている間に、石井さんからは魚について教わり、おかみさんからは自慢の魚を使った手料理をふるまってもらうこともあった。ときには一緒に浜へついて行き、漁師たちとも話をするようになった。こうして少しずつ、買い手と売り手以上の付き合いができるようになっていった。

石井さんから聞く魚の話はすべてが新鮮で、漁の仕方から魚の目利き、旬や使い方まで、一言たりとも聞き漏らすまいとメモに書き留め、貪欲に勉強した。

帰りは魚を両手いっぱいに抱え、東京に着くまで2時間、電車に揺られながら仕入れた魚介を思い浮かべては、ああでもない、こうでもないとその日のメニューを必死に考え続けた。フランス修業から戻ったあとも、その生活を20年以上続け、いつの間にかそれが自分の料理スタイルとなったのだから、ひしこ鰯は、僕の人生を導いてくれた運命の魚なのである。

※漁船や漁網を所有し、漁師たちを雇って漁業を営む経営者のこと。

バスを降りれば
魚が待つ港は
すぐ目の前

ひしこ鰯

ひしこ鰯は釣り餌に使うような小さな魚で、魚の中でも群を抜いて足が早く、刺身にしろ、天ぷらにしろ、獲れた当日でないと真のうまさは味わえない。ヌキテパでは、本来の味を心ゆくまで味わってもらいたいから、獲れたての新鮮なものだけを使い、そば粉を使った香ばしいベニエに仕立てるか、僕がはじめて食べたときの衝撃を再現し、刺身にワインヴィネガーをさっとかけて提供している。たくさん手に入ったときには、アンチョビに加工して調味料として活用することもある。

ベニエはもちろん丸ごと、頭も内臓もつけたまま揚げる。内臓のほろ苦さを味わわずして、ひしこ鰯の真骨頂には到達できない。

最近では、仕上げにアマゾンカカオをおろし金で削り、パウダーにしてふりかけるようになった。数年前にカカオハンターの太田哲雄さんが来店したさいに、アマゾンカカオのフルーティーで爽やかな風味が青魚に合うのでは？　と二人でおおいに盛り上がった。そこで、試しにベニエにかけてみると大正解！

本物の素材を追い求めるすばらしい人との出会いで、20年以上続く定番料理が、新しい味へと進化を遂げた。

ひしこ鰯のベニエ

Recipe

1　ベニエ生地を作る。そば粉50gに対し、ビール75㎖を加えて溶き、卵黄1個を加えて混ぜ合わせる。30分ほど休ませる。
2　卵白1個分に塩ひとつまみを加え、角が立つまでよく泡立ててメレンゲを作る。
3　**1**に**2**を加え、手早くさっくりと混ぜ合わせる。
4　ひしこ鰯はうろこを取り、薄力粉をまぶして余分な粉をはたく。
5　ひしこ鰯をベニエ生地にくぐらせ、180度のサラダ油で色よく揚げ、塩をふりかける。
6　皿に盛り、素揚げしたコシアブラ（ほかにもセロリの茎や山菜など、ほろ苦くて香りのある季節の野菜でよい）をのせ、アマゾンカカオをおろし金で全体に削りかける。

“また明日”
魚を抱えて
ほくほく帰路に着く

〝持ち味を生かす〟ことの真の意味

フィッシャーマンで働いていた当時の僕は、本格的な修業といえば東京・西麻布にあった名店「ビストロ・ド・ラ・シテ」で勝俣登シェフに学んだ半年間だけで、シテで覚えた料理と、本で読みかじったわずかばかりのレパートリーで、なんとか店を回しているような状況だった。それにも関わらず、魚料理だけを提供して好評を得られるようになったのは、三崎の魚と日々格闘していく中で「素材の持ち味を生かす」ということの真の意味を学び取っていったからではないかと思う。

天然ものを扱っていると本当によく分かるのだが、海産物はそれぞれまったく違った個性を持っている。同じ種類の魚でも、季節や大きさ、獲れた場所、食べているエサ、さらには獲り方によっても味に違いが出てくる。一匹ごとに異なる個性を持っているのだから、手強い相手だ。その個性を丁寧に読み解きながら、調理法や合わせるソースを決めていく。そうやって料理人として自然と対峙し、素材への理解を深めていくにつれ、「フランス料理だからこうあらねばならない」という決めつけや、自分を表現したいというエゴを脱ぎ捨て、素材の個性を純粋に高めたいと願うようになっていった。

鮮度がよい魚は内臓もうまい。むしろ、魚のうま味は内臓に詰まっているといってもいいほどだ。フランスの肉料理には、家禽や野鳥の内臓を溶かし込むサルミソースがあるように、僕は魚料理の場合でも、内臓まであまさず使い切るように心がけている。身と一緒に内臓や卵を皿にのせることもあれば、うま味調味料の感覚でソースに加えることもある。頭や骨はフォンを取るのにも使う。よい素材は、捨てるところなどひとつもないのだ。

若いころに世話になった三崎の漁師たちの多くはすでに引退し、最近では、信頼できる熱海の魚問屋を通じて相模湾の魚を扱うことも増えた。だが、三崎で学んだ魚との向き合い方はなにひとつ変わらない。

自然の中でたくましく成長し、熟練した漁師によって獲られたこの上なく新鮮な魚たちは、知れば知るほどすさまじいパワーを放つ。その力強さをどこまで皿の中に反映しきれるのか。今も変わらず、素材の持ち味を引き出すことをひたむきに追求し続けている。

こいつの
持ち味は
どう
料理してやろう

ヒラメ

ヒラメのソテー
サフランとレモンのソース

Recipe

1 ソースを作る。フライパンに太白ごま油を引き、薄切りにしたミルポワ（にんじん、玉ねぎ、セロリ）とトマトペースト、サフランを入れて中火でよく炒め煮にする。十分に炒めることで野菜のえぐみがなくなり、クリアな味に仕上がる。

2 ヒラメの骨、身、内臓を加えてさらにシュエする。かぶる程度の水を加え、沸騰したら弱火にして20分ほど煮込む。シノワで漉し、塩、レモン汁で味を調える。

3 ヒラメは5枚におろし、身は常温に1時間ほどおき、塩をふりかけてさらに30分ほどおく。水分を拭き取り、1人前ずつに切り分ける。太白ごま油を引いてフライパンで皮面を下にして中火で焼き、途中で裏返して中心温度が50〜60度ぐらいになるようにじっくり焼く。

4 肝は牛乳を軽くふりかけ、5分ほどおいて表面の臭みを取る。水分を拭き取り、太白ごま油を引いたフライパンで外側がカリカリのきつね色になるまでソテーする。

5 皿にヒラメのソテーと肝をのせる。ソースをかけ、からし菜を飾る。

三崎からの帰り道、特にワクワクしたのはよいヒラメを仕入れられたときだった。うま味が強くて弾力のある身の上質さもさることながら、大きくて食べ応えのある肝は、濃厚でなめらかで、甘味も極上だった。この料理でも、実は主役は身の上にのせた肝のほうだ。

鮮度のよい肝はそのままでも臭みは皆無だが、牛乳を軽くふりかけてしばらくおくと、味がよりクリアになって、肝の濃厚さだけが際立ってくる。これを太白ごま油でソテーする。太白ごま油は酸化しづらく、余計な匂いがつかないので素材の味を引き出すには最適な油だ。

身のほうは中心まで火を入れてしまってはいけない。中心温度が50〜60度の間がベストで、余熱で火が入ることも計算し、「まだちょっと早いかな？」というぐらいで取り出す。これ以上火を入れてしまうと、あっという間にぱさついて、せっかくの高級魚が台無しになってしまうのだ。また、塩をふって30分ほどおいておくと、適度に水分が抜け、味が一気に凝縮し、弾力も増してくる。脂がのっていない時期のものは、焼くと水分が抜けすぎて食感が悪く、味もいまいち。冬から春にかけての脂がのった時期のものを使うのがいい。

ソースは、ヒラメの骨、身、内臓に、トマトペーストとサフランを加えて濃く煮出したフュメ・ブイヤベース。仕上げにレモン汁を隠し味にほんの少し加えると、ヒラメによく合うキレのあるソースが完成する。

パンパンに
詰まった肝は
カリッと香ばしく

サザエは焼かずに塩水でゆでるのがポイント。
うま味が溶け出た煮汁も立派なスープになる。

ホワイトアスパラガスは、甘味の中にほのかな苦味がある。このほろ苦さこそがおいしさの要で、いつもこの苦味をどう引き出そうかと考えを巡らせながら料理している。

この料理では、ホワイトアスパラガス以上に苦味の強いサザエの肝をあえて盛り合わせた。そこに、トマトの煮凝りをソースとして流し、二重に重ねた苦味をトマトの酸味で涼やかに味わう。

サザエは4月から7月にかけての初夏に獲れたものが香り豊かで特にうまい。壷焼きが一般的だが、全体を均一に火入れしたいならゆでるにかぎる。火を入れすぎると肝が取り出しづらくなってしまうので、たっぷり塩を入れた水に入れて火にかけ、沸騰したら15～20分ほどかけてゆで上げるのが、サザエのよさをあまさず引き出すコツだ。身のうま味と肝の苦味だけで十分おいしさが完成するから、余計な下味はつけずに塩ゆでし、殻の奥に残る苦味がきいた煮汁をスープがわりに添えて、一緒に楽しんでもらう。

シンプルな調理法は素材の持ち味を最大限に生かせるが、その「持ち味」を十分に身につけた素材を見つけるのは難しい。よく「新鮮な素材」というが、「ついさっきまで生きていた」だけでは、新鮮とはいえない。

サザエやアワビの場合、獲れたものを水槽で活かしておき、注文が入ったらそこから取り出して出荷する店も多いそうだが、水槽で生きている間は絶食が続くので、身がどんどん痩せてきて、歯切れも悪くなっていく。

海から取り出したら、余計な手を加えずにできるだけ早く食べること。三崎の漁師たちから教わった素材との向き合い方である。

  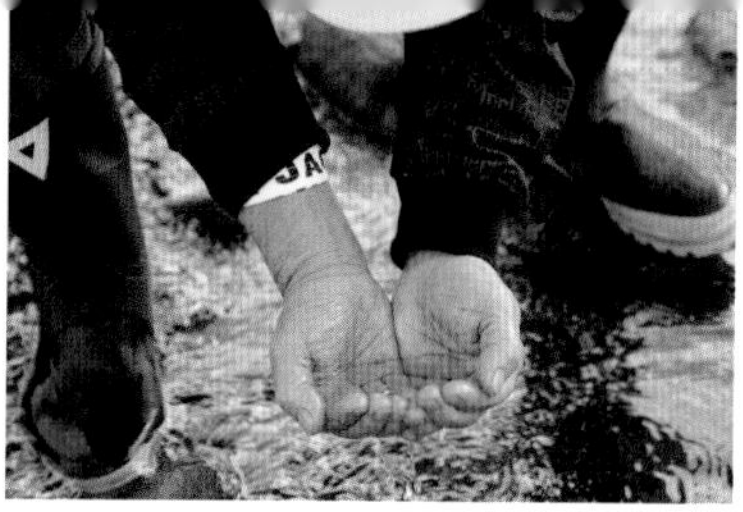

サザエの煮汁は
磯そのものの
味がする

サザエと
アスパラガス

Recipe

1　トマトの煮凝りを作る。トマト20個ほどを鍋に入れて蓋をし、150〜160度のオーブンで2時間ほど加熱する。透明な液体がにじみ出てくるので、すくい出す。水を足して蓋をし、液体が出てこなくなるまで15分ごとにすくい出す。この液体にはペクチンが含まれているのでとろみがある。味の濃いよい素材のトマトでないと、とろみがつきづらい。味を見ながら、ちょうどよい濃度になるまで煮詰める。
2　サザエは鍋に入れ、海水に近い塩分濃度の塩水をかぶる程度まで加えて火にかける。沸騰したら最初に出たアクだけを取り除き、弱火で15〜20分ほどゆでる。液体の中で完全にさます。
3　ホワイトアスパラガスは皮をむき、皮も一緒に鍋に加えて10〜13分ほどゆでる。ゆで汁ごと氷にあててさましておく。
4　サザエの身を取り出し、身は薄切りにし、肝は食べやすい大きさに切る。さっと網焼きにし、表面に軽く焼き色をつける。殻の中に残った煮汁は残しておく。
5　ホワイトアスパラガスの水気を拭き取り、網焼きにして表面に焼き色をつける。
6　皿にトマトの煮凝りを流し、ホワイトアスパラガスに塩をふって並べる。上にサザエの身と肝をのせ、ローズマリーの葉を飾り、サザエの煮汁を殻ごと添える。

食用のナマコは赤、黒、青と3種類あり、赤ナマコが一番柔らかく、味も爽やかで一番おいしい。今回使ったのは、熱海で採れた赤ナマコ。

あ・た・ごおるの店内にて。ヴァイオリニストの葉加瀬太郎さんは当時から店を盛り上げてくれた常連だ。

ナマコ

40歳で念願のオーナーシェフとなった「あ・た・ごおる」は、8坪だけの小さな店だった。お客様との距離が近く、お客様同士もいつのまにか友達になって酒を飲み交わしているような雰囲気で、店内はいつもにぎやかで熱気に溢れていた。

天気がよい休日には、三崎で仕入れた新鮮な魚介を手に、常連のお客様たちと三崎港の対岸にある城ヶ島へ行き、磯場でバーベキューや浜鍋をして遊んだものだ。

ある時、いつものようにお客様と城ヶ島へ行くと、なじみの漁師から採れたてのナマコをもらった。だが、そんな日にかぎって酢や醤油を持ってきていない。ふと、「フランスの漁師は、ナマコやホヤを生牡蠣と同じようにエシャロットとヴィネガーで食べるらしい」と修業時代に聞きかじったことを思い出した。そこで、ナマコを薄切りにし、卓上にあったタバスコをヴィネガーのかわりにふりかけてみたところ、ナマコの海の香りに、タバスコの酸味とピリリとした辛味が絶妙にマッチしたのだ。それ以来、すっかりこの組み合わせの虜になってしまった。

ヌキテパの料理に仕立てるときは、タバスコをふりかけたうえに、香りのよい大根の絞り汁をシャーベットにして添え、辛味と爽やかさを補強する。仕上げに焼きたてのサクサクしたパイをのせ、ナマコの歯応えをいっそう強調している。

ピリリと辛い
浜の思い出を
のせて

ナマコと大根のカクテル

Recipe

1　大根のシャーベットを作る。辛味大根をすりおろし、絞ってジュースを取る。シャーベットマシンにかける。
2　自家製のフィユタージュ生地を10㎝×7㎝の長方形に切り分け、表面に卵黄を塗ってキャラウェイをふりかける。180度のオーブンで7〜8分ほど焼く。
3　ナマコは両端を切り落とし、縦に切り込みを入れて内臓を取り出し、流水で洗う。塩をふりかけて揉み、表面のぬめりを落として塩を洗い流す。
4　縦半分に切って薄切りにし、タバスコをふりかけてなじませる。
5　皿にナマコを盛りつけ、大根のシャーベットをのせる。フィユタージュを半分に割って上にのせる。

金目鯛

水深が千メートル以上あることで知られる相模湾の魚を扱うようになって出会ったのが、深海魚である金目鯛。僕にとっては新顔の魚だった。くせがないのに味が濃くてうまいし、うろこが細かくて歯ざわりがいいのも魅力的。深海は季節の影響を受けづらいのか、四季を通じて品質が安定しており、年中使うことができる数少ない素材でもある。

金目鯛の場合は味の濃厚さを全面に出したいので、天日干しにして水分を抜く。真夏なら1時間、春や秋なら2〜3時間も干せば身が締まって味が濃くなり、皮の水分も抜けてうろこごと焼きやすくなる。さらに、身が固くならないようサラマンダーの上火で皮面だけをさっと焼き、サクサクのうろこ焼きに仕上げている。

ソースは黄金トマト（黄色の小粒トマト）を煮て裏漉したピュレ。赤いトマトよりも青臭さが少なく、酸味も穏やかで魚に合わせやすい。どんな魚とも相性がよく、「ソースに迷ったらこれを使う」というほど頼りにしているピュレだ。

最後に甘い脂のイベリコ豚ベーコンと乾燥焼きにしたハナビラ茸を添える。どちらもうろこ焼きに合わせた軽い食感で、スナック感覚で食べられる一皿である。

金目鯛のうろこ焼き

Recipe

1　黄金トマトのピュレを作る。黄金トマトを鍋に入れ、ほんの少量の水を加えて弱火で10分ほど煮る。裏漉して塩で味を調える。
2　金目鯛はうろこをつけたまま3枚におろし、天日で干して水分を適度に抜く。
3　全体に塩をふり、太白ごま油を引いたフライパンで身側をさっと焼く。取り出して皮側に刷毛で太白ごま油を塗り、サラマンダーの上火で皮面だけをカリッと焼く。
4　ハナビラ茸は100度のオーブンで10〜15分ほど乾燥焼きにし、イベリコ豚のベーコンはフライパンでカリカリになるまで焼く。
5　皿に金目鯛のうろこ焼きをのせ、ハナビラ茸を盛りつけて上にイベリコ豚のベーコンをのせる。黄金トマトのピュレを流す。

タコ

いかにも海の味！　という分かりやすいうま味を持つマダコは、鰯と並ぶぐらい大好きな素材だ。

地域によって旬が変わり、伊勢海老などの甲殻類を食べて育つ時期に特にうま味が濃厚になる。三崎の北側に位置する久里浜はタコの名産地として知られ、夏に旬を迎える。一方、故郷の茨城では、冬が近づくにつれて南方から移動してきた身の引き締まったタコがよく獲れる。

タコの調理でもっとも大切なのは下ゆでだ。子供の頃はささっとゆでてタコぶつにして食べていたが、軽くゆでるだけでは、固くて真の持ち味は楽しめない。40分～1時間ほどかけてじっくりゆで、柔らかさと一緒にうま味を引き出す。このとき、ほうじ茶や麦茶を使うとより柔らかく、発色もよくなる。

ここにローストしたビーツを組み合わせた。ビーツのこっくりとした食感と土の香りがタコと相性がよいはずだと本能的に感じて合わせてみたところ、予想どおり、タコのうま味を一気に引き上げてくれた。相性のよさをさらに引き立たせるために、下ゆでしたタコはトマトと一緒に網で香ばしく焼き上げる。トマトは加熱して酸味を引き出すことでよいアクセントになる。

時間をかけてじっくり煮込むことで、
タコの持ち味が十分に引き出される。

タコとビーツ

Recipe

1　ほうじ茶（麦茶でもよい）を鍋でわかし、マダコを入れる。弱火で40分〜1時間ほどゆで、金串がすっと入るぐらいまで柔らかくなったら取り出し、常温でさます。冷水でさますと味が抜け、皮もむけてしまう。

2　ビーツはよく洗い、皮つきのまま粗塩をふってアルミホイルで包む。180度のオーブンで串がすっと通るまで2〜3時間ほど蒸し焼きにする。さめたら皮をむき、ひと口大に切る。

3　タコは足を切り分け、トマトと一緒に網にのせ、焼き色がつくまで炙る。トマトは半生状態で取り出し、皮をむいて半分に切る。

4　タコ、ビーツ、トマトにオリーブオイルと塩をかけてさっとからめ、皿に盛りつける。マジョラムとエディブルフラワーをちらす。

真鰯

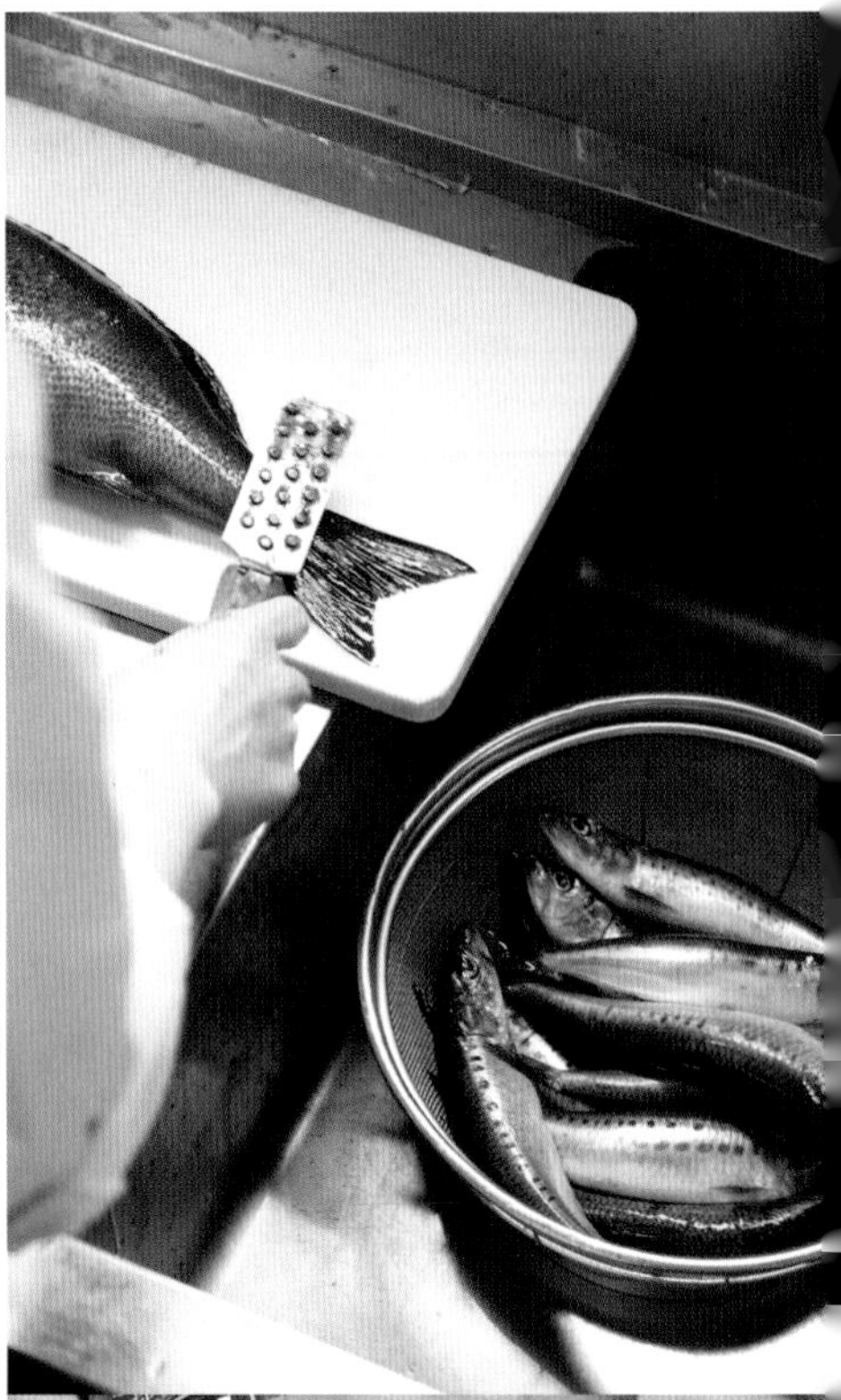

真鰯の上火焼き

Recipe

1　真鰯は3枚におろし、赤ワインヴィネガーで30分ほどマリネする。
2　軽く水気を拭き取り、身側に塩をふりかける。
3　小ぶりの天板にスライスした玉ねぎを敷き、真鰯の身を皮面を上にして並べる。
4　オリーブオイルと赤ワインヴィネガーをさっとふりかけ、サラマンダーの強火で皮面を一気に焼きつける。
5　皮面がこんがり焼けたら、仕上げに赤ワインヴィネガーをふりかける。天板ごと供する。

魚のおいしさや鮮度の重要さを教えてくれた鰯は、僕を育ててくれた大切な魚だ。魚種の豊富さで知られる相模湾の魚介に手を広げた今でも、好きな魚を聞かれたら、やっぱり一番は鰯だと答える。

真鰯の場合は「梅雨鰯」という言葉があるように、6〜7月ごろが産卵前で脂がよくのっていてうまい。これをスライスした玉ねぎの上に並べてサラマンダーで一気にこんがり焼けば、にじみ出た脂が玉ねぎに染みながら皮がよく焦げ、食欲をそそる香りが立ちのぼってくる。

青魚は酸との相性がよく、オーブン焼きにするときは赤ワインヴィネガーでマリネしておくと、生臭さが消えて真鰯の持ち味である甘味と香りが引き立つ。焼く前に新たにヴィネガーをかけ、皮がこんがりと焼けてきたら仕上げにもうひとふり。3段階に分けてヴィネガーを使うことで、ヴィネガー特有のツンとした香りがほどよく残り、よいアクセントになる。

鰯の皮は
ジュージュー
焦がすのが
うまいんだ

イサキ

魚介には基本的に砂糖は使わないが、唯一の例外がイサキだ。

皮にはほかの魚にはない独特の香りがあり、その香りが甘味と相性がよいうえ、淡白な身が砂糖の甘味で一気に濃厚になり、重厚なボルドーの赤ワインと合わせられるほど力強い味に変わる。

シンプルに皮面に砂糖をふってキャラメリゼしてもおいしいが、キャラメリゼでは苦味が強くなり、イサキ本来の香りがやや隠れてしまう。そこで、ポワレしたイサキの上にシュクレ・フィレ（糸飴）をのせ、苦味をつけずに甘味だけをきかせた。口溶けもよく、イサキとの一体感も味わえる。

ソースは香味野菜をシュエしたところにフォン・ド・ヴォライユを加えて煮込んだコクのあるタイプで、ここでも玉ねぎとにんじんを多めに使い、甘味をきかせてある。

イサキの皮は硬く、皮にしっかり火を入れようと思うと身が縮んでしまう。だが、初夏に獲れる旬のイサキは脂がよくのり、その脂のおかげで皮が揚げ焼き状態になって素早く火が入る。身もたっぷり脂を含んで柔らかく、焼き縮みが起こりづらい。そんなわけで、イサキは旬の時期以外には決して使わない魚である。

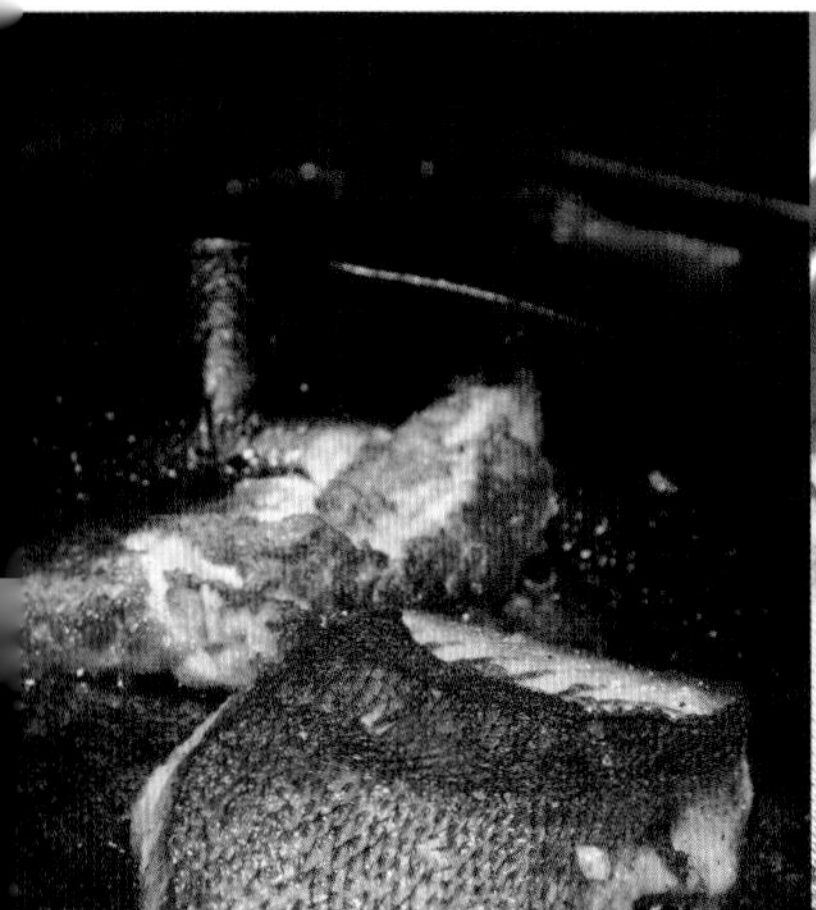

イサキのポワレと糸飴

Recipe

1　ソースを作る。鍋に太白ごま油を引き、薄切りにしたミルポワ（にんじん、玉ねぎ、セロリ）をよく炒め煮する。にんじんと玉ねぎは多めに入れて甘味を引き出すのがイサキ用のソースのコツ。
2　全体がかぶる程度のフォン・ド・ヴォライユを加え、沸騰したら弱火にし、アクを取りながら煮込む。半量になったらシノワで漉し、ちょうどよい濃度になるまでさらに煮詰め、塩で味を調える。
3　イサキは3枚におろし、白子を取り出して身は1人前ずつに切り分ける。白子は塩をふって薄力粉をまぶして余分を落とし、身側にのみ塩をふる。
4　太白ごま油を引いたフライパンで皮面から全体をこんがりと焼く。白子も一緒に焼き、外側をパリッと焼き上げる。
5　鍋で砂糖を飴色になるまで煮詰める。レードルの柄などを10㎝ほど間隔をあけて2本並べ、飴をスプーンですくってレードル同士をつなぐように幾重にも糸状にたらし、シュクレ・フィレを作って形を整える。
6　皿にイサキの身と白子をのせてソースをかけ、シュクレ・フィレをのせる。乾燥させたからし菜の葉を飾る。

海藻

海藻の香りはほとんどの魚種に合うが、中でも金目鯛と好相性なので、最近では海藻バターは金目鯛専用の材料になっている。

三崎へ買いつけに行くと、網元の家でめかぶ（わかめの根元部分）をよくごちそうになった。沸騰した湯に採れたてのめかぶをさっとくぐらせ、冷水に落とすと美しく発色する。これをねぎと一緒に生姜醤油で食べると、コリコリと噛むほどに海の香りが口いっぱいに広がる。食べるたびに、素材としての海藻の可能性を感じずにはいられなかった。

あるとき、フランス帰りのお客様からおみやげにブルターニュ地方の有名バターブランド「ボルディエ」の海藻バターをいただいた。食べた瞬間に「これを使えば、海藻と魚の風味をうまく一体化させられる！」とピンときて、すぐにこれで魚をソテーしたところ、あまりの香り高さに圧倒されたのだった。

現在は、さらに海藻の風味を高めるために、三陸産の黒海苔とトサカノリを乾燥させ、海藻バターを手作りしている。オーブンで乾燥させると香りが抜けてしまうので、食品乾燥機を使って低温で一晩かけてじっくり乾燥させ、バターに練り込んでいる。

魚を焼くときは、最初から海藻バターを使うと熱で肝心の香りが飛んでしまう。あらかじめ魚に7割ほど火を入れてから、仕上げに海藻バターをのせ、サラマンダーで溶かしながら一気に焦げ目をつければ、焼けた香ばしさと海藻の香りが見事に融合する。

港へ行けば
いつでも
感動が待っていた

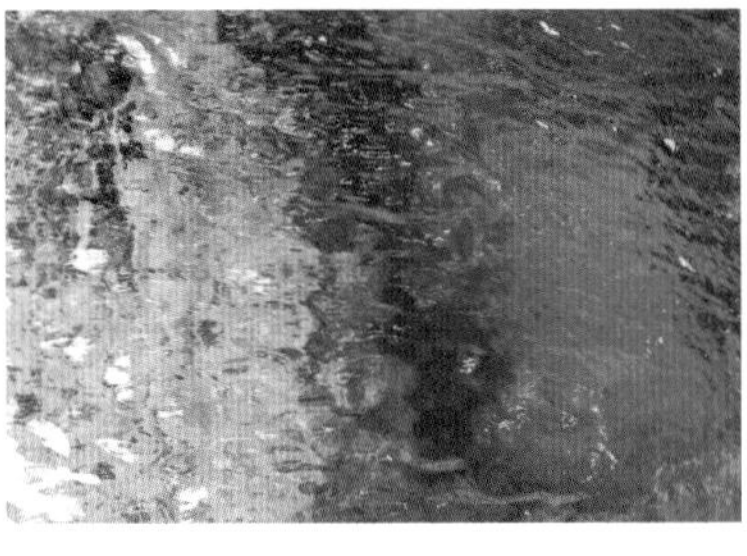

金目鯛の海藻バター焼き

Recipe
1　海藻バターを作る。黒海苔とトサカノリを68度の食品乾燥機で一晩乾燥させる。
2　ポマード状にしたバターに１%の塩と乾燥させた黒海苔、トサカノリを加えて練り合わせ、棒状に丸める。アルミホイルに包んで冷蔵保存する。
3　金目鯛はうろこを取って３枚におろし、天日干しにして適度に水分を抜く。
4　１人前ずつに切り分けて全体に軽く塩をふり、サラマンダーの上火で焼く。身に７割ほど火が入ったところで５㎜厚さに切った海藻バターをのせ、バターを溶かしながら皮面に焦げ目をつける。
5　パプリカとナスは細切りにし、塩をふってオリーブオイルでさっとソテーする。
6　皿にパプリカとナスを敷き、金目鯛をのせる。

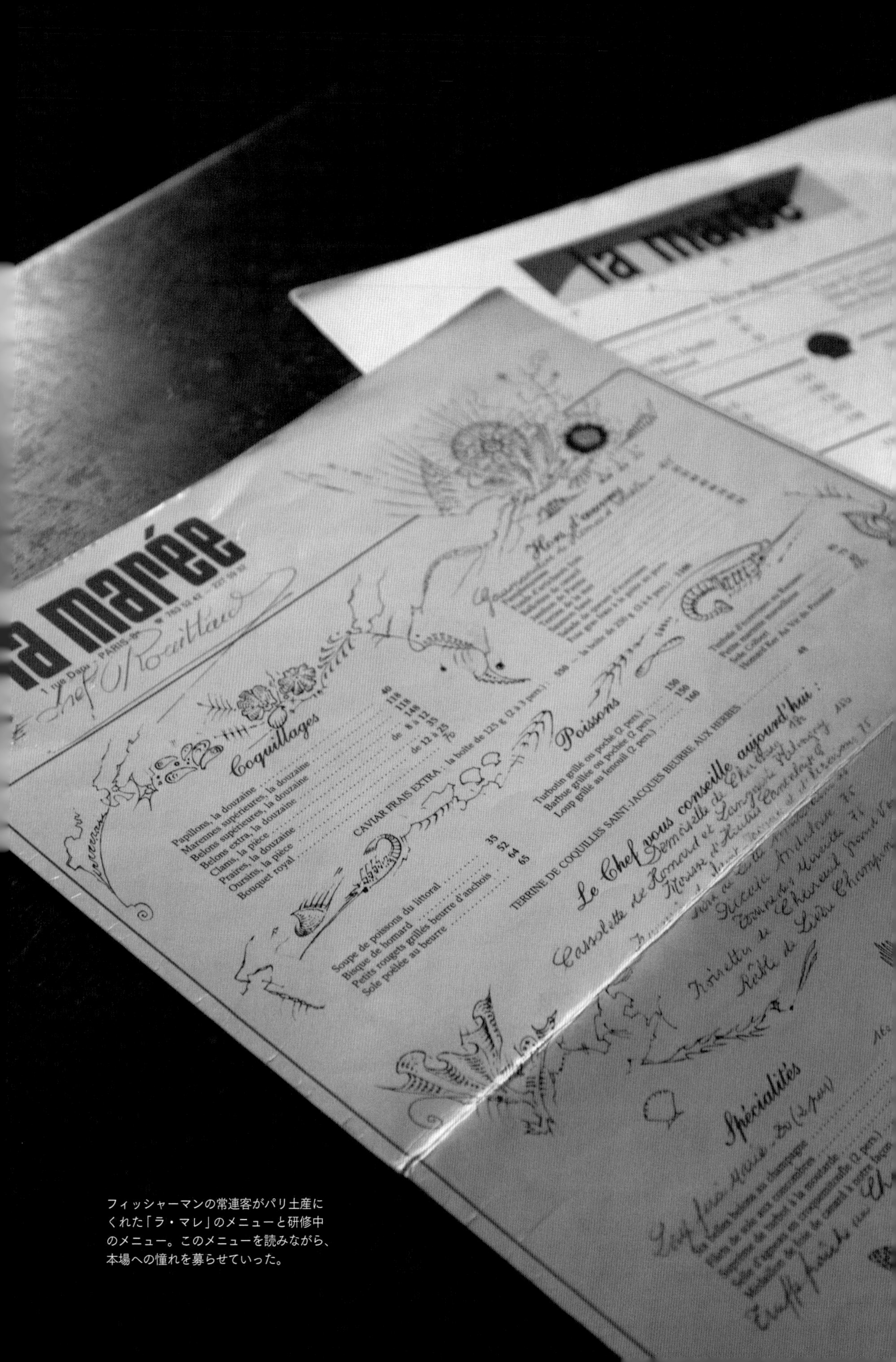

フィッシャーマンの常連客がパリ土産にくれた「ラ・マレ」のメニューと研修中のメニュー。このメニューを読みながら、本場への憧れを募らせていった。

渡仏した当時の僕。休日には二つ星、三つ星のレストランへ足を運び、メモを取りながら料理を食べ、一流の味を貪欲に学んだ。

フランスで育んだ理想のスタイル

伝手《つて》もなくフランスへ ラ・マレに通って全メニューを制覇

魚一本で料理人として生きていく。

三崎での出会いで、すっかり魚の魅力に取り憑かれていた当時の僕は、スタッフにも常連客にも、その決意を話して回っていた。あるとき、常連客の一人が、耳寄りな話を聞かせてくれた。その人は商社勤めで海外出張が多く、行く先々で名店を食べ歩く食道楽であった。

「フランスで魚料理といえば、なんといってもパリのラ・マレが一番!」

そういって、記念に持って帰ってきたという「ラ・マレ」の大きなメニューを僕に手渡した。ホタテのテリーヌ、スープ・ド・ポワソン、舌平目のポワレ……、魚介をふんだんに使った料理名の数々を眺めていると、居ても立ってもいられなくなった。

「ここで働くしかない」

その思いで頭がいっぱいになった僕は、お客様からメニューを渡されてから、わずか一か月、なんの伝手もないままに単身渡仏してしまったのである。

さて、パリに着いたはいいが、フランス語などまるで分からない。なんとかラ・マレまで辿りつけたものの、言葉を話せない日本人が店先でモジモジしているだけだから、シェフに会わせてもらうどころか、不審人物だと思われて、店に入ることさえ叶わなかった。このままではどうにもならないと、宿で頭を抱えていると、ふと、空港の案内カウンターに日本人がいたことを思い出した。

「ラ・マレという魚介が最高においしい店で食事をごちそうするから、通訳をしてくれないだろうか」

翌日、空港へと舞い戻った僕は、日本人スタッフに声をかけた。いま思えば大胆すぎる頼みだったが、ありがたいことに男性スタッフが快く引き受けてくれて、一緒に店を訪れて「ここで働かせてほしい」と頼んでもらうことができた。

だが、答えはノン。言葉も通じない、労働許可証もない、おまけに料理人としての経験も少ないのだから雇えるわけがない、とあっさり門前払いを食らってしまった。

わざわざフランスまで来たのに何もせずに帰るわけにもいかない。だが、ほかに知っているレストランもない。せめて、憧れのラ・マレの料理を食べて勉強しようと、その日から毎日ラ・マレへ食事をしに通った。

1ヶ月が過ぎ、すべてのメニューを制覇した頃、いよいよ資金が底をついた。ラ・マレに通えるのも今日が最後。

「もう帰らなくちゃいけない。今まですばらしい料理をありがとう」

サービスマンに挨拶していたら、シェフがひょっこり顔を出し、手招きをして厨房へと案内された。

広々とした厨房、磨き上げられた鍋に感動していると、シェフがカレンダーを指さしてこちらを見ている。言葉は分からないが、どうやら指さした日付から、店へ来てよいということらしい。

こうしてシェフに熱意が通じ、念願だったフランス修業が幕を開けたのであった。

当時は、とにかく本場の技術を吸収することで精一杯で気づかなかったが、今思えば、ラ・マレはすべてにおいて大変クラシックな店であった。レシピは付け合わせまで事細かに決められ、新しい料理を提供することはめったになく、昔からの料理を突き詰めていくスタイルをとっていた。スペシャリテであったホタテのテリーヌはグラス・ド・ヴィアンドでデコレーションされており、味も見た目も非常に重厚であった。

あるとき、営業後にシェフがテーブルを回ってパンくずを一人で集めていた。何に使うのだろうと不思議に思っていたら、翌日、まかない用の豚足にマスタードを塗り、その上からパンくずをパン粉がわりにふりかけてオーブンで焼いていた。

ドレスコードが定められた格式の高い一流レストランでも、パンくずすら大切に、すべての素材を無駄なく使い切るのか。体操選手時代の寮生活の頃からもったいない精神で料理をしてきた自分と共通のものを本場のシェフに感じたことはとても嬉しく、言葉は通じなくても、心は通じ合っているのだと感動したものだ。

わずか3ヶ月ほどの研修期間であったが、レシピは一通り覚えることができたし、新しい世界を見ることもでき、充実した時間を送ることができた。

そんな満足感を抱きながら帰国を考えていたときのこと。現地で知り合った日本人の料理人とカフェでコーヒーを飲んでいると、レスペランスの話を耳にした。

「まだ二つ星だが、いまにも三つ星になろうかという、勢いに乗っているすごいレストランがある」と。

僕はまた居ても立ってもいられなくなった。

〝フランス料理は自由でいい〟レスペランスで学んだフリースタイル

レスペランスは、パリから200キロ離れたブルゴーニュ地方にあり、すぐに訪ねていける距離ではなかった。仕方なく、つたないフランス語で手紙を書いた。だが、さすがは人気店。研修志願者は何百人といるらしく、一週間後に断りの返事がシェフのマルク・ムノーさんから届いた。

手紙を受け取ったときはがっかりしたが、よく考えてみたら、どこの馬の骨か分からない日本人の若造相手に丁寧に返事をくれるとは、なんて律儀でやさしいシェフなのだろう。もしかしたら、

レスペランスのメニュー表と、当時のスナップ写真。庭先でスタッフたちとまかないを食べている僕（写真左）と、マルクシェフとのツーショット（写真右）。

直接会って頼み込めば、追い返されはしないのではなかろうか。

返事が届いたその日のうちに荷物をまとめ、汽車に乗ってレスペランスへ向かった。予想通り、シェフは愛情あふれる人で、

「どうしてもシェフのもとで学びたくて、パリから来ました。断りの手紙をもらったけれど、シェフの技術を知らないまま、日本に帰るわけにはいきません。どうかお願いします」

と頭を下げたところ、快く受け入れて、そのまま1年以上、住み込みで働かせてもらったのだった。帰国後もマルクシェフとは亡くなるまで親交を続け、イベントで来日するたびにヌキテパに遊びに来てくれた。焼きはまぐりを食べて「これぞキュイジーヌ・モデルヌ！」と感動し、レスペランスでも現地の貝を真っ黒に焦がして提供してくれたことは、いまも忘れられない光栄な思い出だ。

レスペランスの料理は、同じ料理を規則正しく供するラ・マレとは対照的に、その日に届いた素材を吟味し、ソースや付け合わせを当日に決定する。同じ舌平目でも、目の前にある素材と向き合い、調理法をまったくのゼロから組み立てていく自由なスタイルを貫いていた。

ラ・マレで、「本場の一流フランス料理はルールに則って作るもの」だと学び、そこに堅苦しさを感じていた僕にとって、「一流であっても、料理は自由でいい」と実感できたことは、その後の料理人人生を変える大きな出来事だった。

レスペランスでは料理を覚えるだけでなく、「僕だったら、この素材はこう料理する」と自分のアイデアをノートに書き留めるようになり、自分のやりたい料理のイメージがどんどんふくらんでいった。その日に届いた海産物や野菜と向き合い、その場で料理を組み立てていく今のスタイルは、レスペランスでの経験がベースとなっている。

“素材探しが一番大切 あとはどうにだってなる”

フランス滞在中は、勉強のために各地の三つ星、二つ星店へ足を運んだ。その中でも特に気に入って3度訪れたのが、最後の修業地となったパリの「ヴィヴァロア」である。

当時は、三つ星での修業は競争率が段違いで、日本人などとても足を踏み入れられるようなところではなかった。ところが、レスペランスでの修業を終えたちょうどその頃、たまたまヴィヴァロアのシェフ・パティシエが退職し、パティシエを募集していることを知った。パティシエ経験などなかったが、2軒の修業でパイぐらいは折れるようになっていたから、厚かましくも「自分はパティシエです」と無理やり押し通し、次のシェフ・パティシエが決まるまでの間だけという条件付きで、なんとか潜り込むことに成功した。まわりのスタッフたちに支えてもらい、なんとか無事に2ヶ月が過ぎた頃、正真正銘のパティシエがやってきてシェフ・パティシエに就任し、僕は念願だった料理部門へと移動させてもらうことになった。

ヴィヴァロアはレスペランスと同様、当日に素材を見て料理を考えるフリースタイルな店であったが、たくさんのアラカルトを用意していたレスペランスに比べ、オードブルは2種類、魚料理は1種類、肉料理は2種類という具合に、品数をかなり絞ったよ

りシンプルな形態をとっていた。

さらに、料理自体もいたってシンプル。スペシャリテの「野菜のギリシャ風」は、野菜を蒸し煮にしただけだが、これまで食べたことがないほどのおいしさだった。シェフの腕前は当然ながら、そもそも使っている野菜自体がずば抜けてすばらしい。シェフのクロード・ペローさんは、料理の達人であると同時に、素材探しの名人でもあったのだ。

僕が感動したのは、料理のおいしさだけでなく、このシンプルな料理を看板として提供している店の姿勢、そして、それが食通たちに支持されているということだった。

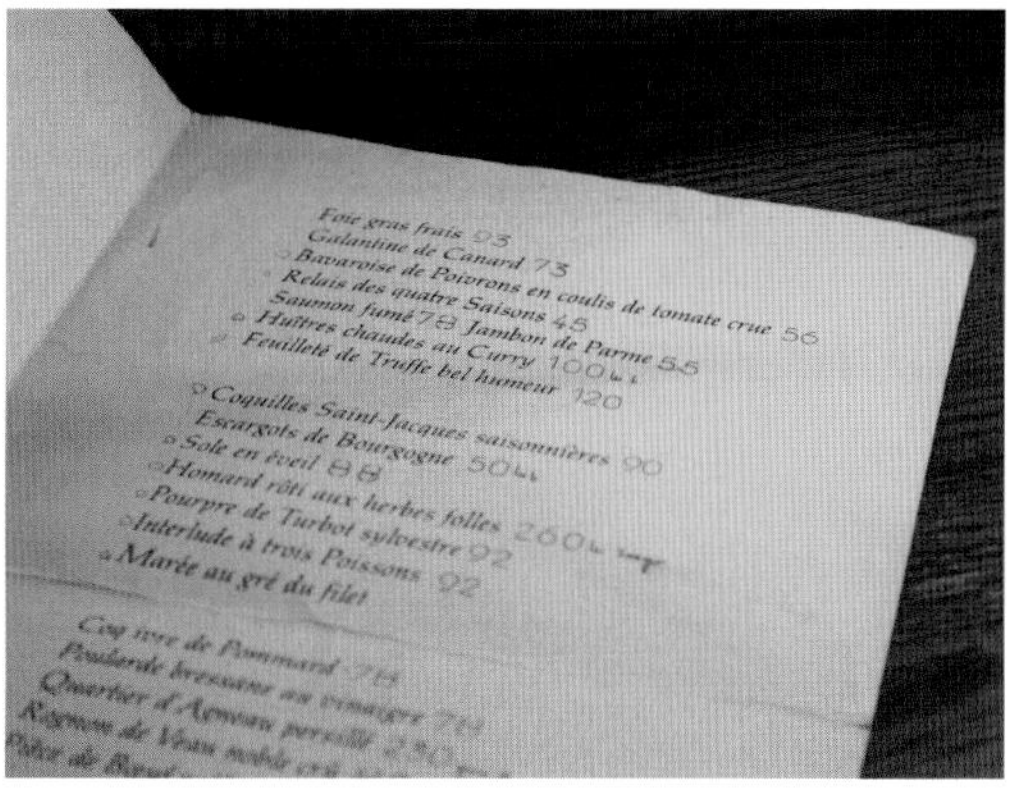

修業時代のヴィヴァロアのメニュー。その日に提供可能な料理には、料理名の横に小さく丸がつけてある。

自由であり、シンプル。

素材へのリスペクトを全面に押し出したペローシェフの哲学こそ、探し求めていた究極のスタイルであった。

ラ・マレで魚介の基本的な扱い方を学び、レスペランスでフリースタイルの楽しさに気づいた。そして、ヴィヴァロアでは、自分の思い描く理想のイメージが仕上っていく感覚が抱けたのである。

鬼才として知られたペローシェフは、とにかく神経質な人で、厨房はいつでもピカピカに磨き上げられていた。なかでも、鍋磨きには特に力が入っていて、休日には厨房に一人こもってひたすら鍋を磨いている。その話を同僚から聞きつけ、僕も休日に厨房へ通うようになり、二人で一緒に鍋を磨くうちに、少しずつ仲良くなっていった。

鍋を磨きながら色々な話をしたが、一番印象に残っているのは、

「料理でもっとも大事なのは素材だ。日本に帰ったら、とにかく良い素材を見つけてこい。それさえできれば、あとはどうにでもなるから」

というアドバイスだった。

その言葉どおり、帰国後はよい素材集めに奔走し、1日おきに三崎へ通った。店に戻ってくるともう夕方で、仕込みもままならないうちにお客様が来てしまう。しかも、「あ・た・ごおる」は8坪だけの小さな店で、キッチンにはコンロが二つしかなかったから、必然的に魚を焼く、蒸す程度のシンプルな料理しか作れなかった。だが、そのシンプルさが逆にお客様から評価され、自分の料理スタイルが確立していったのだから、ペローシェフとの鍋磨きの日々が、いまの僕を作ってくれたといっても過言ではない。

なんの伝手もなく、フランス語もできなかった僕のフランス修業は、どの店も裏口入学であった。だが、「なんとしても学びたい」という強い気持ちと少しの勇気さえあれば、意外となんとかなってしまうものだ。

僕は、辞書さえあれば、あとはどうにでもなると思って、フランスへと旅立った。いまはスマホで自動翻訳だってできる時代だ。言葉の壁は昔以上に簡単に乗り越えられる。もし、夢を持っているなら、躊躇などせず、どこへでも思い切って飛び込んでほしいと思う。真摯に取り組みさえすれば、必ず道は開けるのだから。

磯魚

その日に届いた新鮮な魚を何種類も取り合わせ、
豪快に丸ごと使う。現在は熱海の魚問屋から
直送されたものを使用。小魚や磯魚は必ず加える
のがおいしいスープ・ド・ポワソンの秘訣だ。

いつのまにか不動の看板メニューとなったスープ・ド・ポワソンは、ヌキテパにやってくるお客様のうち、じつに99％の方が頼んでくださる。35年間、営業日は毎日欠かさず大量に仕込んできたから、もう地球2周分ぐらいのスープは作ったかもしれない。

ブイヤベースとは異なり、甲殻類や貝類は一切加えず、魚だけをじっくり煮込んで裏漉し、さらにムーランを使って最後の1滴までエキスを絞りきる。魚のピュアなおいしさだけを凝縮しているから、いくら飲んでも飽きがこず、常連のお客様も繰り返し注文してくださるのだと思う。

このスープのおいしさに目覚めたきっかけは、南仏コート・ダジュールにあるレストラン「ル・ムーラン・ド・ムージャン」だった。1974年にミシュランガイドで三つ星を獲得したこの店は、「南仏料理の概念を変えた」といわれる伝説の料理人、ロジェ・ヴェルジェ氏が初代シェフを務めていた。当時の僕は、すでにフランスでの修業を終えて帰国していたが、南仏の美しさにすっかり魅せられ、バカンスを兼ねて年に1度は南仏情緒をしみじみ感じられるこの店へと足を運ぶようになっていた。

あるとき、提供されたスープ・ド・ポワソンがあまりにおいしいので、大感動してシェフに頼み込み、調理場へ案内してもらった。いったいどんな魔法の技を使っているのかと興味津々で見学していると、カサゴやメバルを洗うこともせず丸ごと豪快に鍋へと放り込み、トマトとミルポワを加えて煮込んでいるだけだった。

「こんなにシンプルな調理法で、なぜこんなにもうまいんだ?」

そのときは理解が及ばなかったが、仕入れのために三浦半島の三崎港へ通い、網元から魚のいろはを学んでいくうちに、無頓着にも思えたル・ムーラン・ド・ムージャンの「磯魚を内臓ごと使う」やり方が、いかに理に叶ったものだったのかに気づかされた。

今、ヌキテパで作っているスープ・ド・ポワソンは、その日に届いた魚を使うので、日によって微妙に違う味になる。それがたまらなく面白く、その日に出会えた個性を大切にしながら味を仕上げていく。ただし、カサゴやメバルといった磯魚は必ず加え、どの魚も内臓ごと使うのが鉄則だ。磯魚はうま味が格段に強く、スープに力強さが出るし、苦味と

麺棒でよく叩いて骨ごと裏漉し、うま味も苦味も
あまさずスープに加える。体力を使う作業だが、
ここでどれだけ裏漉しきれるかが濃厚さに直結する。

かき混ぜながら味がのってくるまでじっくり煮込む。
丸ごと入れた魚も煮込むことで身も内臓もほぐれ、
うま味がスープに溶け込んでいく。

毎日欠かさず
ゴリゴリ
やっぱり
作りたてが一番うまい

香りが詰まった内臓を生かすことで味の深みが増す。また、魚はできるだけ小魚のほうがいい。大きな魚は身が厚くて裏漉しきれないので、濃厚な味に仕上がらないからだ。

仕上げに、にんにく、赤ピーマン、卵黄、サフラン、カイエンヌペッパーをオイルでつないだ「ルイユ」とグリュイエールチーズを少々。スープにコクが出て、魚のうま味が一気に引き立つ。

シノワに残った固形物ごとムーランでさらに裏漉し、
なめらかに仕上げる。

スープ・ド・ポワソン

Recipe

1　香草のブイヨンを作る。沸騰した湯にタイム、ローリエ、フェンネルを加え、アンフュゼして香りを抽出する。さめたらシノワで漉す。
2　ミルポワ（玉ねぎ、フェンネル、セロリ）を薄切りにし、オリーブオイルを入れた鍋で炒め煮する。しんなりしたらトマトペーストとサフランを加えてさらに炒める。
3　香りが出て、余分な水分が抜けたら、魚をうろこと内臓をつけたまま加える。小さな魚は丸ごと、大きな魚はぶつ切りにするとよい。白ワインをふりかけ、蓋をして10〜15分ほど蒸す。
4　蓋を取り、水分がなくなるまでよく炒める。ここでしっかり魚の水分を抜くことで臭みがなくなり、味も凝縮される。よい香りが立ってきたら、フュメ・ド・ポワソンと香草のブイヨンを同量ずつ、かぶる程度まで注ぎ、強火で沸騰させる。
5　沸騰したらアクを取りながら15分ほど煮込み、しばらくおいて常温までさます。
6　シノワで漉し、固形物は麺棒でよく叩いて骨ごと裏漉す。
7　さらにムーランで漉してなめらかにする。
8　ルイユを作る。赤ピーマン2個を熱したグリル板で焼き、表面を焦がしたら氷水につけて薄皮を取り、半分に切って種を取り除く。
9　芯を取ったにんにく3片、赤ピーマン、卵黄3個、サフラン、タバスコ、カイエンヌペッパー少々をミキサーにかけ、オリーブオイル300mℓを少しずつ加えて伸ばす。
10　器にスープ・ド・ポワソンを盛り、ルイユを少々加えて味を調える。グリュイエールチーズを削りかけ、クルトンをちらす。

イカスミを生のイカにまぶし、半日〜1日ほどマリネする。香りがつくだけでなく、殺菌効果もある。イカスミは拭わず、つけたまま一緒に焼くと、ふんわりと香りが漂っていっそう香り豊かに仕上がる。

ヤリイカ

フランスでは、どの町へ行ってもビストロには必ずクスクスがメニューに載っている。シチューをかけて食べるだけで十分うまいのに、鶏肉やラム肉の串焼きまでついて、安くて腹いっぱい食べられる。修業時代にはなくてはならないお助け料理だった。

ちょうど20年前、レスペランスで大変お世話になったマルク・ムノーさんが来日したさい、ヌキテパに遊びに来てくれた。血気盛んだった修業時代のことを懐かしく思い出し、クスクスをヤリイカの腹に詰めてこんがり焼き、イカスミとワタのソースを添えた、ヌキテパ流魚介のクスクスを出してみた。マルクさんは口に運ぶなり、「これぞ、キュイジーヌ・モデルヌ!」と、感嘆してくれたものだ。

一般的には羊肉などを濃厚に煮込んだシチューをかけて食べるクスクスだから、魚介に応用するときも、それに匹敵するぐらいに味が濃くないとうまくない。それで思いついたのがイカワタのうま味だ。みじん切りにしたエシャロット、にんにく、鷹の爪を炒め、イカワタ、イカスミを加えて塩だけで味つける。このとき、内臓をしっかり炒めることで風味がぐんと増す。アオリイカ、スルメイカ、マイカのイカワタは特に味が強いので、旬の時期に冷凍してストックしておき、このソースに加えている。

また、イカの身もあらかじめイカスミでマリネしておくとコクが出て、ソースとの一体感が高まる。ヤリイカは身が薄く、歯切れのよさが魅力だが、焼きすぎると固くなる。ちょうど火が入りきった瞬間の焼き加減が望ましい。網焼き、フライパン、グリヤードなど、素材のサイズや身の厚みによって焼き方は変化させている。

ヤリイカのクスクス

Recipe

1　ヤリイカは軟骨、内臓、スミ袋を取り除く。内臓とイカスミはあとで使うので取っておく。
2　ストックしておいたアオリイカやスルメイカのイカスミを身全体にまぶし、冷蔵庫で半日〜1日ほどマリネする。
3　コンロの上に網をのせ、イカの身を香ばしく焼く。焼きすぎると固くなるので、ちょうど火が通った程度にとどめると香りよくふっくら仕上がる。サイズが小さいときはフライパンを使うほうがよい。
4　みじん切りにしたエシャロット、にんにく、輪切りにした鷹の爪をフライパンに入れてオリーブオイルで炒め、香りが出たらヤリイカの内臓とイカスミ、ストックしておいたアオリイカやスルメイカの内臓、塩を加えて全体に火が通るまでよく炒める。
5　ヤリイカを4に加えて全体にからめる。
6　湯で戻したクスクスを皿に盛り、ヤリイカをソースごとのせる。ライムの皮をクスクスに削りかける。

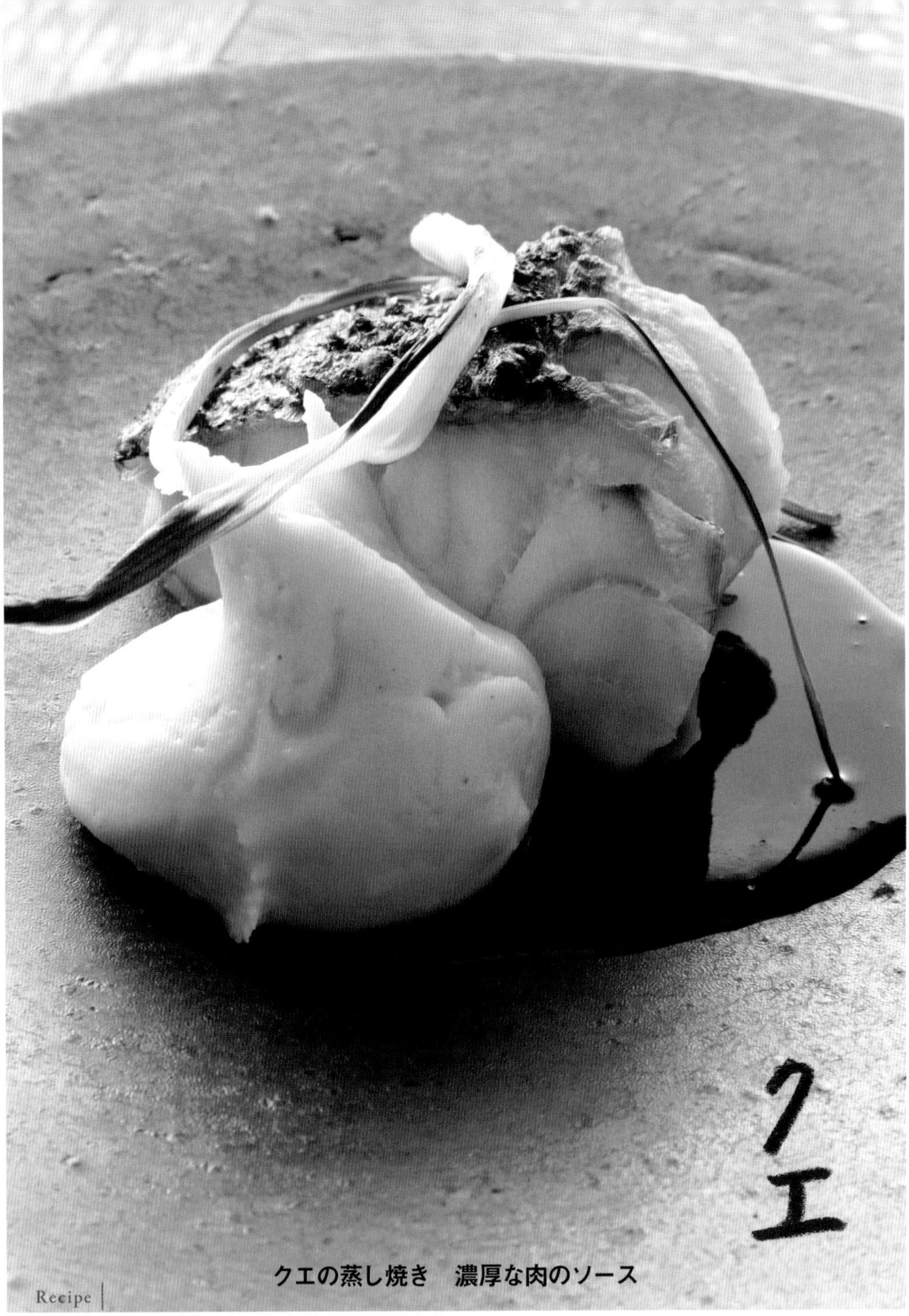

Recipe

クエの蒸し焼き　濃厚な肉のソース

1　クエは3枚におろし、身に塩をふって保鮮シートで包み、冷蔵庫で半日寝かせて水分を抜く。

2　ジュ・ド・ヴィアンドを作る。牛すじ肉、鶏手羽を200度のオーブンできつね色になるまで1時間ほど焼く。ひと口大に切ったミルポワ（玉ねぎ、にんじん、セロリ）を鍋に入れ、オリーブオイルできつね色になるまで炒め、水分を抜く。肉類を加え、トマトペーストを少量加えてさらに炒めてなじませる。

3　白ワインとフォン・ド・ヴォライユをひたひたより多めに加え、沸騰したら弱火にし、2時間ほど煮込む。薄切りにした玉ねぎを加え、さらに1時間ほど煮込み、シノワで漉す。さらに布漉しする。

4　じゃがいものピュレを作る。じゃがいも（男爵）はゆでて皮をむき、裏漉す。じゃがいも1kgに対して牛乳200㎖、バター300gを鍋で温め、じゃがいもを加えて混ぜ合わせる。再度裏漉し、ごく少量の塩で味を調える。

5　室温に戻したクエを蒸し器に入れ、7〜8分ほど蒸し、過剰なゼラチン質を抜く。

6　皮面を上にしてサラマンダーで皮をよく焼く。

7　ジュ・ド・ヴィアンドを1/5量まで煮詰め、バルサミコ酢少々、バター少々を加えて溶かし込む。

8　皿にジュ・ド・ヴィアンドを流し、温めたじゃがいものピュレとクエをのせる。直火で炙った島らっきょうを添える。

孤高の天才シェフ、ミシェル・ブラス氏が率いたことで知られるラギオール村の名店「ル・シュケ」。自然へのリスペクトを感じる料理と解放感あふれる庭園に感動し、2度ほど訪れたことがある。ル・シュケの名物といえば、メイン料理に添えられる「アリゴ」だ。熟成前のチーズにじゃがいものピュレを加えたよく伸びる料理で、サービスマンがボウルに入ったアリゴを巧みに伸ばして皿に盛りつけてくれる。

じゃがいものピュレと聞けば真っ先に肉料理が思い浮かぶところだが、ル・シュケではメインに魚料理を選んでもアリゴが添えられる。これがまた意外にもよく合うこと！　じゃがいもピュレと魚介の相性のよさを発見した瞬間であった。

それから長い月日が流れ、和歌山県の魚介類を扱うようになり、クエという魚に出会った。ゼラチン質が多くてうま味が強く、弾力のある食感。食べた瞬間に「これは肉だ！」と直感した。そこで、肉料理の定番であるジュ・ド・ヴィアンドのソースを魚介に合うように味を調整し、ル・シュケ流にじゃがいものピュレを添えてみた。ただし、アリゴではなく、ゆでたじゃがいもを2度裏漉し、バターを大量に加えたきめ細やかでなめらかなピュレに仕立て、クエ独特の弾力ある食感を際立たせている。

クエを調理するときは、塩をあてて半日寝かせて水分を十分抜き、冬場は6時間、夏場でも2時間ほどシャンブレ（室温に戻すこと）してから蒸し器で7〜8分ほど蒸す。肉を焼くと余分な脂が出るのと同様に、蒸すことで過剰なゼラチン質が落ちる。仕上げにサラマンダーで皮を2〜3分焼いたら完成だ。

クエの皮は非常に分厚く、和食では皮を引いて使うことが多いそうだが、皮にはクエの香りが詰まっているので、取り除いてしまうのはもったいない。サラマンダーで皮の水分を抜いてカリッと香ばしく焼いてやれば、歯切れがよくなり、身の食感とも対比がつき、皮ごと焼くことで身にも風味がよく移り、いっそう香り高くなる。

身の厚いクエはいきなり焼くよりも蒸すほうがふっくら仕上がる。また、特に分厚い魚の場合はシャンブレを的確に行うことが火入れの良し悪しを左右する。

サラマンダーの近火で皮をしっかり焼ききるのがポイント。皮と身の間にうま味が強く、皮ごと使うほうが素材のおいしさをあまさず楽しんでもらえる。

じゃがいものピュレはバターをたっぷり加えて練り合わせ、アリゴを思わせるなめらかで濃厚な味に。

フランス最後の修業先となった「ヴィヴァロア」。「ヌーヴェル・キュイジーヌの旗頭」と呼ばれたクロード・ペローシェフは野菜使いの天才で、スペシャリテのひとつである「野菜のギリシャ風」は、何度食べても初めてのときのように感動し、思わず唸ってしまうほど、とびきりのおいしさだった。

ペローシェフは、季節の野菜やきのこを鍋に入れて白ワインとオリーブオイルをふりかけたら、粗塩、ミントの葉、コリアンダーシード、レーズンなどを加えて歯応えが残る程度まで蒸し煮する。オーダーが入ると、鍋から豪快にすくって皿に盛りつける。シンプルな調理法なのに、ペローシェフの手にかかると素材ひとつひとつの味が凝縮し、「野菜はこんなにもうまい素材だったのか！」と驚かずにはいられない。彼は真の天才なのだ。

ペローシェフから野菜の力強さを学んだ僕は、自分の店でも野菜を主役にした

春野菜

ふきのとうは山菜のなかでも特に山菜らしい苦味を持つ。オリーブオイルでコンフィにすると、煮崩れてくるので、それを瓶に詰めて保存しておき、フレンチドレッシングにアクセントとして加えている。

春野菜のワイン蒸し ふきのとうのソース

Recipe

1 ふきのとうのコンフィを作る。ふきのとうを鍋に入れ、全体がかぶる程度のオリーブオイルを入れて蓋をし、ごく弱火でふきのとうがとろとろにとろけるまで30分ほど煮込む。粗熱が取れたら瓶に詰めて冷蔵庫で保存する。冷凍すれば長期保存も可能。
2 ふきのとうのコンフィにレモン汁を加えて味を調える。濃すぎる場合は水で少し伸ばすとよい。
3 皮をむいた小玉ねぎ、のらぼう菜、ルッコラを鍋に入れ、少量のオリーブオイルと白ワインをふりかけ、全体に軽く塩をふって蓋をし、中火にかける。歯応えが残る程度に蒸し煮する。
4 グリーンアスパラガスは根元の皮をむき、塩ゆでする。バットに上げ、歯応えが残るように扇風機ですばやくさます。
5 皿に3を盛りつけ、グリーンアスパラガスをのせる。ふきのとうのソースを添え、フレッシュのルッコラをのせる。

料理を一生懸命作った。特に、すばらしい野菜を実直に育てている農家さんたちの集まり「おいしい本物を食べる会」に出会ってからは、その野菜が持つ力強い「命の味」を皿の上で表現したいと強く思うようになった。

　ここで紹介するのは、春のおいしい野菜をシンプルに味わうギリシャ風。菜の花に似た野菜は、埼玉県の特産野菜である「のらぼう菜」で、シャキシャキとした食感とほろ苦さがうまい。これを、小玉ねぎとルッコラと一緒に白ワインとオリーブオイル、塩だけで軽く蒸し煮してある。

　普段はペローシェフのようにミントを加えることも多いが、今回はミントのかわりにふきのとうのソースをかけて、山菜の香りと苦味を強調し、より春らしい一皿に仕上げてみた。

天才に学んだ
春の味は
どこかほろ苦い

マスクメロン

修業していた当時のヴィヴァロアのメニューと、シェフとの唯一のツーショット写真。休日には厨房で一緒に鍋を磨いて過ごした。

熟したメロンの果肉をくり抜き、シャンパンをふりかけて少しマリネしておく。枝豆はゆでてミントと一緒にロボクープで食感が残る程度にすりつぶし、クネル形にしてメロンの上にのせたら完成。

ちょうど旬を迎えるメロンと枝豆、どちらの素材にもほとんど手を加えず、自然のままのおいしさを組み合わせるだけで、爽やかなのにコクのある新しい味になる。10年前に試作して以来、この組み合わせが大変気に入り、よいメロンが手に入ると必ず作る定番料理となった。

メロンと枝豆の組み合わせは完全な思いつきなのだが、振り返ってみるとアイデアの根底にはヴィヴァロアがあった。

ペローシェフはミント使いの達人で、スペシャリテである「野菜のギリシャ風」と同様に、グリーンピースをガルニチュールにするさいにも、豆をフォン・ブランで煮込んだら仕上げに必ずミントの葉を加え、グリーンピースの甘味や爽やかさを巧みに引き出していた。

夏になると「メロンミント」というメニューが人気を博した。これは、シャンパンでマリネしたメロンに刻んだミントを合わせたオードブルで、ペローシェフらしい、シンプルを味わう料理であった。

ペローシェフからミントと豆、ミントとメロンの相性のよさを学んでいたから、そのときの記憶がこの料理へと導いてくれたのだろう。

マスクメロンと枝豆ミントのオードブル

Recipe

1　メロンは半分に切ってスプーンでひと口大にくり抜き、シャンパンをふりかけて15分ほどマリネする。
2　枝豆は塩ゆでし、豆を取り出して薄皮をはずす。ロボクープにミントと一緒に入れ、食感が残る程度にすりつぶす。
3　器にマリネしたシャンパンごとメロンを盛りつけ、2をクネル形にしてのせる。ミントの葉をちらす。

白身魚

白身魚とかき氷のコンソメ
深海風

Recipe

1　魚の身を切り分けたあとに出る切れ端、魚と同量のかき氷、氷よりやや少なめの水、少量の塩を加えてロボクープにかけてどろどろの状態にする。魚の皮は必ず引いておくこと。白身の魚種が向く。
2　鍋に移し、弱火にかけて沸騰してから30分ほど煮る。表面にアクがたまり、液体が澄んだら紙漉しする。器に注いで供する。

レスペランスでは、オマール海老をオードブルとして供することが多く、毎日オマール海老のガラが残る。そのガラを集めておき、身の切れ端と一緒に細かくつぶしてコンソメに仕立てていた。

コンソメを作るとき、一般的には卵白や挽き肉を練って加え、アクを吸着させて液体を澄ませていくのだが、ムノーシェフのやり方はひと味違った。余計な材料は一切加えず、オマール海老のガラをかき氷と一緒にロボクープにかけてどろどろの状態にし、ごくごく弱火でゆっくりと温めていくのである。氷と一緒に温めることで液体に温度差ができ、卵白などを加えなくても細かな不純物がアクと一緒に自然と表面にたまって液体が澄んでくる。シンプルな材料だけで作れるから、オマール海老の純粋なうま味だけを抽出でき、クリアで凝縮した味になるのが魅力だった。

ヌキテパの場合は、海老のガラよりも魚のアラや身の切れ端が大量に出る。これを、ムノーシェフ流に同量のかき氷と一緒にロボクープにかけてどろどろの状態にする。あとは弱火にかけてごくごくゆっくりと温める。30分もすれば表面にアクがたまって液体が澄んでくるので、紙で漉して完成。深海を彷彿とさせる透明でミステリアスな魚のコンソメの出来上がりだ。

魚の種類はなんでもよく、下処理をしなくても臭みは出ないので、冷蔵庫から出してそのまま使う。ただし、皮ごと使うと液体が色づいてしまうため、皮は必ず引く。

透明な液体だが、魚のうま味がぎゅっと凝縮されて飲みごたえがある。アミューズとして、またスープとして10年以上前から提供している定番である。

ヌキテパの看板フルコース

大地そのものを味わう

土の料理

土は生命の原点だ。

このことを実感したのは、故・永田照喜治さんとの出会いがきっかけだった。

永田さんは「永田農法」を発案した著名な農学博士で、独創的な手法が世界中から注目され、国内はもとより、フランス、中国、インド、サウジアラビアなど各国からも招聘されて世界中で栽培指導を行っている人だった。

永田農法は、自生地に近い環境で野菜を厳しく育てるのが特徴である。最小限の水と肥料だけを与えて野菜本来の生命力を引き出すことから、通称「スパルタ農法」とも呼ばれる。この永田農法で育てられた野菜は、どれも力強く、それはそれは濃厚な味わいで、はじめて食べたときには「野菜本来の味とはこういうことだったのか！」と心底感動したものだ。

僕の素材との向き合い方に何か感じるところがあったのだろうか。はじめて店に食べに来てくれたときから、野菜について何も知らない僕に、永田さんは本当によくしてくれた。「よい野菜を作るには、健康な土づくりが何より大切なのだ」と、会うたびに野菜や畑づくりのことを愛情たっぷりの語り口で教えてくれ、すばらしい野菜を作る農家の方々も紹介してくれた。

あるとき、永田さんの栽培指導に同行し、全国の畑で野菜を食べ歩いたことがあった。永田農法では「土を耕しすぎて過保護にすると、力強い根が生えてこない」という考え方から、畑の石は取り除いたりせずに最小限の手入れで野菜を植える。訪れた畑では、好き放題に生えた雑草を農家の方が手作業で間引きながら野菜を育てていた。

永田さんは、そんな自然のままの畑からにんじんを掘り起こし、

「ここは30年前から完全無農薬で、土壌に残留農薬がない健康な畑だから、土ごと食べてごらん」

と泥だらけのまま渡してくれた。

いくら安全でも土ごと食べてうまいわけがないだろうと怪しんだが、断るわけにもいかず、小石だけを軽く払って、思い切ってかじってみた。すると、想像していたような土の嫌な風味はまったくせず、サクサクとしてとてもおいしかった。それだけでなく、大地をそのまま味わっているような、食べた瞬間に地球とつながったような不思議な感覚に襲われたのだった。

考えてみれば、植物も動物も土がなければ育たない。海産物も土から溶け出た栄養分が海へと流れ込み、その栄養がプランクトンの餌となって食物連鎖が起こる。それらを食べている人間を含め、地球上の生き物はみな、土がなければ生きてはいけない。大地はすべての生命のみなもとなのだ。大地そのものである土ごと素材を食べることで、もしかしたら生命をよりダイレクトに感じられるのかもしれない。

それからは無農薬を実践する農家さんに野菜と一緒に土を送ってもらい、土食の研究に没頭した。調べてみると、実は土食文化は歴史が古く、日本でも江戸時代後期までは、山間部を中心に貴重なミネラル源として土を食べていたという。戦国時代には、籠城した兵士たちが、城の土壁を煮込み、その上澄み液を飲んでいたらしい。アフリカの一部の地域では、現在でも土食文化が残っているそうだ。

最初はシンプルに土をグラタンにのせてみただけだったが、お客様からすこぶる好評で、スープ、オードブル、アイスクリームと品数が次第に増えていった。

「ぜひフルコースを食べてみたい」とリクエストを受けたのは15年前のこと。20人の貸切イベントで披露したところ、その様子がSNSで拡散され、ドイツのテレビ局を皮切りに世界中から取材が殺到。エル・ブジのアドリア兄弟をはじめ、各国の有名シェフ20名以上が視察に訪れるなど、瞬く間にヌキテパの看板メニューとなった。ここまで反響があるのには驚きだったが、食べた人たちが口を揃えて「はじめて食べたのにどこか懐かしい味がする」「身体がすっきりした気がする」と声をかけてくれた。もしかしたら、土は人間のDNAに刻み込まれている味なのかもしれない。

化学物質に汚染されていないピュアな土は、嫌な香りがしないものだ。ミネラルが豊富で健康にもよく、くせがないので、どんな素材にも合わせやすい。土のほのかな風味を味わいながら、皿の中に閉じ込めた素材の生命感や大地の力強さを感じていただければと思う。

土のベースづくり

土の料理でもっとも大切なのは、農薬や放射性物質、排水などに汚染されていないピュアで安全な土を使うことだ。今、ヌキテパで使用しているのは、ミネラルのバランスがよい栃木県鹿沼の黒土。鹿沼の土は良質なことで知られ、園芸にもさかんに使われている。販売会社がロットごとに検査機関に依頼して成分表を発行しているので、安心して使用できる。

130度まで加熱することで、土は完全に殺菌できる。店に届いたらまずオーブンで焼いて殺菌し、水を加えてよく煮詰め、何度も裏漉しして不純物を徹底的に取り除く。こうしてできた「土のベース」をそれぞれの料理に使っている。ベースづくりは1日がかりの大仕事だ。

7	4	1
8	5	2
9	6	3

1　土を鉄板に広げ、150度のオーブンで30分焼き、殺菌する。
2　土1kgに対し、4ℓの水を沸騰させ、土を加え、溶かすように混ぜながら20分ほど煮込む。ここで水に土の香りをつける。
3　大きな網目のザルにあけ、小石などを取り除く。
4　レードルで押しつけるように漉し、細かな粒子だけにする。
5　目の細かいシノワでさらに漉す。スプーンで押しつけながら丁寧に漉すこと。
6　さらし布にあけ、二人で両端を持って揺らしながら布漉しする。3回漉すことでなめらかな口当たりになる。
7　はじめは濁っているが、しばらく置いておくと沈澱してくる。このミネラル豊富な上澄み液だけを料理に使うこともある。
8　ベース用はいったんわかし、水でふやかしたゼラチンを少量加えて溶かす。ゼラチンがつなぎとなり、水と土とが分離しなくなり、泥の状態になる。
9　さましてとろみがついたら、ミキサーにかけてなめらかにする。これを「土のベース」として料理に使用する。

土の提供：株式会社プロトリーフ

土のグラタン

土の料理を作ると決めたとき、最初に頭に浮かんだのが黒トリュフだった。

「あ・た・ごおる」時代、仲のよかったイタリア料理の有名シェフから「イタリアには卵と生クリームに白トリュフを加えたクレーム・ブリュレのようなオードブルがある」と教わった。それをヒントに自分なりにアレンジを加え、黒トリュフを使った甘いグラタンを考案した。これがとても好評で、ヌキテパに移転したあとも定番デザートとして長年提供し続けていた。

そこで、土のベースに少しだけ片栗粉を加えて濃度をつけ、トリュフのグラタンの上にのせて一緒に焼いてみた。食べてみると、予想していたとおり黒トリュフの土っぽい香りが土のベースを違和感なく受け止め、土に含まれるミネラルのおかげか、これまでよりもコクが深まり、完成度が高まった。以来、このグラタンには必ず土のベースをのせている。記念すべき土の料理の第一号である。

Recipe

1　生クリーム200㎖、全卵1個、グラニュー糖70g、黒トリュフのみじん切り10gをボウルで混ぜ合わせ、耐熱皿に流す。
2　土のベースに片栗粉を少量加えて濃度をつけ、耐熱皿の中央にのせる。粉糖を全体に軽くふり、サラマンダーで香ばしく焼き上げる。

海と土のミネラル

パリのビストロで60個もたいらげたことがあるほど、僕は生牡蠣が大好きだ。最近人気の柔らかくミルキーな牡蠣よりも、小粒で身が締まり、ミネラルが豊富で味が詰まったものがよく、兵庫県や長崎県産を使うことが多い。

そんな自分好みの牡蠣のおいしさをより凝縮させたいと考えたとき、思いついたのが海と大地のミネラルを掛け合わせることだった。

1人前は2個。殻を開けたら、ひとつには土の上澄み液をジュレにしてかけ、もう一方にはゆでた菊芋を裏漉したピュレをかける。上澄み液は透明だが、ミネラルが溶け出していて、土のよい香りがする。

生牡蠣には、日本では酢を、フランスではレモン汁や赤ワインヴィネガーと、酸味で食べることが多いが、この料理では、菊芋のピュレにほんの少し塩を加えるだけで、牡蠣と土のジュレに味つけは一切しない。ミネラルを二重に重ねるだけで牡蠣らしいおいしさが何倍にもふくらむから、余計な味つけをするのがもったいなくなる。

Recipe

1　土の上澄み液に水でふやかしたゼラチンを加えて溶かし、冷蔵庫で冷やし固める。
2　菊芋は塩ゆでし、皮をむいて裏漉す。塩で味を調える。
3　牡蠣は殻から出し、塩水のなかで丁寧に洗って水気を拭き取る。
4　牡蠣の身を殻にのせ、ひとつには土の上澄み液液のジュレをスプーンでのせ、もうひとつには菊芋のピュレをのせる。皿に並べる。

小松菜と土のスフレ・グラス

植物の根は、土の香りがして生命感に溢れている。もっとも力強くて味が濃いのは根っこの部分だと思っているので、農家さんには葉野菜は根ごと送ってもらうように頼んでいる。

小松菜の根は、12月から1月がもっとも柔らかい。春になると徐々に固く筋っぽくなってくるので、根もやはり旬の冬が一番おいしい。

小松菜を軽くゆでたら、フレンチドレッシングに土のベースを加えたソースを根っこの部分にからめる。畑から掘り起こしたてのように仕立てたのは、この皿を通じて、素材が育ってきた環境や生命の力強さに思いをめぐらせてほしいと願うからだ。

仕上げに土のスフレ・グラスを添えた。これは、土のベースにサバイヨンとメレンゲを合わせ、真空タッパーに入れて空気を抜くことでスフレ状にし、瞬間冷凍にかけたもの。食べた瞬間に口の中でさっと溶けて消え、土の香りだけが後味として残る。生命の力強さとはかなさを同時に表現した一皿である。

Recipe

1 土のスフレ・グラスを作る。卵黄3個にその2倍量の水を加え、湯煎にかけて泡立て器でかき立てながら弱火でもったりするまで加熱し、サバイヨンを作る。
2 土のベース200gを半量まで煮詰めて100gにし、サバイヨン100gを加えて冷蔵庫で濃度がつくまで冷やす。
3 卵白3個分に塩ひとつまみを加え、泡立ててメレンゲを作り、2に加えて真空タッパーに入れて空気を抜き、スフレ状にする。瞬間冷凍にかけ、一晩寝かせる。凍ったらタッパーから取り出し、冷凍庫で保存する。
4 フレンチドレッシングを作る。赤ワインヴィネガー80㎖、水20㎖、エシャロットのみじん切り小さじ5、塩小さじ5、黒こしょう小さじ2を混ぜ合わせる。サラダ油1ℓを加えながら混ぜ合わせ、乳化させる。
5 小松菜は根の食感が残る程度にさっとゆでる。
6 ボウルに土のベースとフレンチドレッシングを入れて混ぜ合わせ、小松菜を加えて根っこにからめる。
7 皿に小松菜を盛り、土のスフレ・グラスを四角く切り分けてのせ、粗塩をふる。

根っこは
大地の味がする
野菜のなかでも
一番好きだ

びっくり土

トリュフの香りがきいたじゃがいもピュレを土でコーティング。トリュフは食感が残るように大きめに刻む。

Recipe

1　じゃがいもは皮つきのまま蒸し器で柔らかくなるまで蒸す。皮をむき、裏漉す。
2　鍋に小さじ1程度のバターを溶かし、刻んだ黒トリュフと塩を加えてさっと炒める。香りが出てきたらじゃがいものピュレを加えて練り合わせる。整形後に形が保てるよう、バターの量は少なめにしておく。
3　取り出してゴルフボールサイズに丸め、提供前にオーブンで温める。
4　土のベースに片栗粉を少量加えて温め、3にかけてコーティングする。
5　玉ねぎは輪切りにし、オリーブオイルでソテーする。
6　皿に4と玉ねぎのソテーをのせ、「土の薬膳」を全体にちらす。

土のフルコースの中でも特に人気なのが、４皿目に提供している「びっくり土」だ。

まず、蒸したじゃがいもを裏漉し、刻んでバターで炒めたトリュフを混ぜ込んで香りのよいピュレを作る。それをゴルフボールサイズに丸め、土のベースでつややかにコーティングする。土から掘り起こしたばかりのみずみずしいトリュフをイメージした仕立てだ。

ヒントにしたのは、「トリュフのシュルプリーズ」。裏漉したフォアグラのテリーヌの中にトリュフを詰め、刻んだトリュフを全体に張りつけてコンソメジュレでコーティングしたクラシックな冷前菜である。修業先のヴィヴァロアで出会い、そのおいしさに深く感動し、帰国後に最初に働いた「ビストロ南蛮」でも前菜としてよく提供していた。

土の料理にアレンジするさいも当初はフォアグラを使っていたが、フォアグラのうま味が土の香りを邪魔してしまうため、潔く構成からはずし、大地をダイレクトに感じられる味を目指すようになった。

付け合わせにはソテーした玉ねぎを添え、まわりには土にコーヒーかすや米ぬかなどを混ぜ合わせて発酵させた「土の薬膳」をちらした。これは、土壌微生物を研究している金澤晋二郎博士が開発した食べられるバイオ肥料で、コーヒーのよい香りと米ぬかの深みのある味わいが気に入っている。

ヌキテパの看板フルコース——土の料理

脂ののったスズキは、身の中心までしっかり焼くほうが香りが出て持ち味が引き出せる。

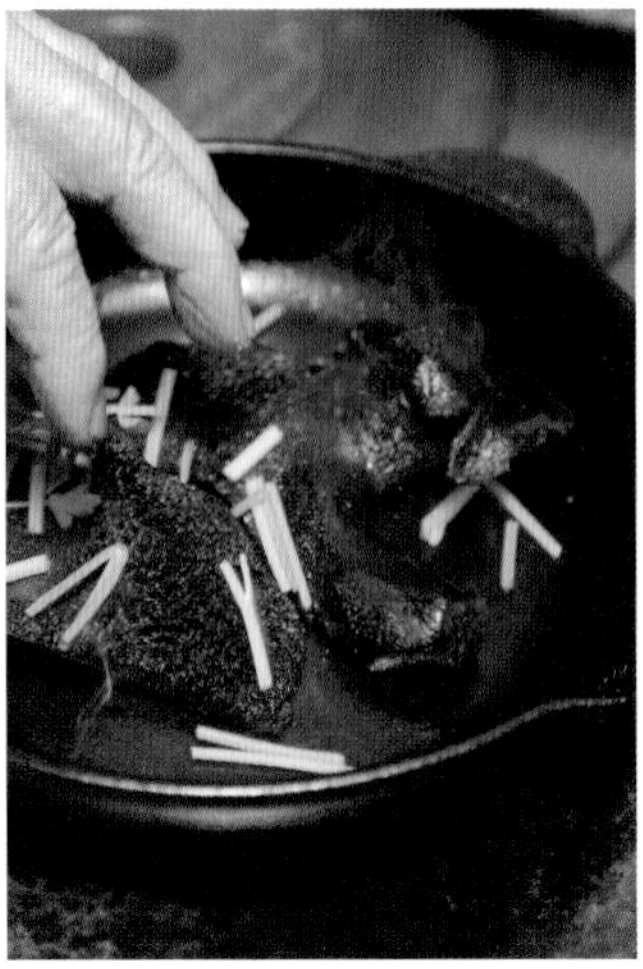

味つけは塩のみ。焼きながらイタリアンパセリとバターの香りをまとわせる。

土で1日マリネしたスズキ。皮面は強めの火でしっかり焼き切る。

スズキのソテー 土の香り

スズキは脂に独特の香りがある。荒波の磯場から河川の中流域まで、エサを求めて広範囲を積極的に泳ぎ回り、海底に隠れているハゼやゴカイ類などを土ごと吸い込んで食べることも多く、川魚にも似た泥臭さを持つ個体も多い。

フランス料理では独特の風味をやわらげるため、香りの強い皮をはいだり、強い味のソースを合わせたりすることも多いのだが、僕の場合は、香りに共通項のある土で1日マリネし、あえて風味を抑えずにスズキの持ち味を引き出している。

マリネした土は軽くぬぐい、味つけは塩のみ。付け合わせの茸、イタリアンパセリと一緒にさっとソテーし、身をふっくらと焼き上げたら完成。最後に乾燥させた土をふりかけ、香りをさらに強調している。

今回の付け合わせは、玄人好みの茸との呼び声も高い「クロカワ」。茸を使ったフランス料理の匠「マッシュルーム」の山岡昌治シェフが茸狩りで採ってきたものを分けてもらった。はじめて食べたが、苦味のある個性的な茸で、独特のくせがスズキにもよく合った。

Recipe

1　スズキは3枚におろし、1人前ずつに切り分ける。土のベースをまぶし、冷蔵庫で一晩マリネする。
2　身を取り出し、土のベースが表面にうっすら残る程度に軽く拭う。片面に塩をふる。
3　オリーブオイルを入れたフライパンにスズキとざく切りにしたクロカワを入れ、イタリアンパセリを加えて炒めたら、途中でバターを加えて香りづけ、塩で味を調える。
4　皿に盛りつけ、オーブンで乾燥させた土のベースをふりかけて仕上げる。

土とごぼうのリゾット熟成させたヒラメの卵

白米に比べてビタミンやミネラルが豊富な古代米。白米の感覚でフォン・ブランで煮ると、不思議なことに味が濁り、おいしくなくなってしまう。そこで、エシャロットをバターでじっくり炒め、土の上澄み液を加えた液体でフォンのかわりに炊いてみた。ミネラル分を多く含む素材同士だからか相性はばっちり。土のほのかな香りと古代米が持つ自然な甘味が引き出され、さっぱりしたリゾットに仕上がった。

このリゾットは、脂がのった魚やフォアグラのソテーと合わせることが多い。ここでは、濃厚な味わいで、色合いも土にマッチするヒラメの卵を組み合わせた。

ヒラメは1~2月の産卵前が旬。身も脂がのっていて一番うまくなる。卵は軽く塩をして5日ほど熟成させ、150~160度のオーブンで1時間かけてじっくり焼くのがポイント。水分を十分抜くことで味が凝縮し、ややねっとりとした食感に変化する。リゾットのプチプチした食感との対比が楽しい一皿である。

Recipe

1 ヒラメをさばいて卵を取り出す。卵の表面を洗い流して水気を拭き取り、バットにのせて全体に軽く塩をふり、熟成用の紙で包んで上からラップをし、冷蔵庫で3～5日ほど熟成させて適度に水分を抜く。
2 鍋にみじん切りにしたエシャロットとバターを入れ、ごく弱火で10分ほどシュエする。
3 古代米150gを加えて混ぜ合わせ、土の上澄み液500mℓを加えて蓋をして沸騰させ、170度のオーブンで12分炊く。
4 オーブンから取り出し、水分が残っているようなら火にかけて煮詰め、リゾットにする。
5 ヒラメの卵は150～160度のオーブンで1時間ほどかけてじっくり焼く。
6 ごぼうは斜めの薄切りにし、180度のサラダ油で素揚げする。
7 皿に黒米のリゾットとごぼうのフリットを盛りつけ、ヒラメの卵をのせる。エディブルフラワーをちらす。

Recipe

1 土のベースを温め、ベースに対して25％量のグラニュー糖を加えて混ぜ合わせ、シャーベットマシンにかける。
2 クランブル・サレを作る。ポマード状のバター、グラニュー糖、アーモンドパウダー、薄力粉各150g、塩10.5gをロボクープに入れ、ひとまとまりになるまで混ぜ合わせる。
3 麺棒で2〜3㎝厚さに伸ばし、鉄板にのせて165度のオーブンで8分焼く。全体を混ぜ合わせ、オーブンでさらに8分焼き、混ぜ合わせる。焼いては混ぜる作業を合計4〜5回くり返したら完成。
4 器に土のシャーベットを盛り、クランブル・サレを細かく砕いてちらす。乾燥させた土のベースを器のふちにつけて仕上げる。

土のシャーベット

フルコースの最後に提供しているのが、ほんのり甘く、さっぱりして上品な味わいの土のシャーベット。土のベースに対して25％のグラニュー糖を加え、シャーベットマシンにかけただけの単純なものだ。

ベースに加える砂糖は、三温糖や和三盆などさまざまな種類を試してみた。どれも個性的でおいしいのだが、どうしても砂糖自体の味が全面に出てきてしまう。結局、土の香りがもっとも生きてくるのは、雑味のないグラニュー糖だった。

仕上げにクランブル・サレをアクセントにちらし、塩と砂糖の味つけだけで、ダイレクトに土の風味を味わえるデザートに仕立てた。盛りつけたのは、山梨県に窯を持つ陶芸家が手がけた土の器。縄文土器と同じ製法を用い、土と水だけを混ぜ合わせて作っているという。器のふちには、乾燥させた土のベースを塗りつけ、見た目にも土らしさを強調してみた。

土そのものが味わえるシンプルなデザートにしたのは、大地の恵みを余韻としてしみじみ感じながら帰路についてほしいという願いからである。

いい土ほど
ミネラルの
ピュアな味がする
嫌な香りは
しないもんだ

ヌキテパの看板フルコース

リクエストから生まれた夏の風物詩

スイカの料理

「今日は妻の誕生日だから、何かそれっぽいものを作ってくれないかな?」

日付が変わり、夜の営業も終盤にさしかかったころ、常連客から突然のリクエストが舞い込んだ。

8坪だけの「あ・た・ごおる」は、小さな店ならではのアットホームな雰囲気があり、お客様とはまるで友人のような付き合い方をさせてもらっていた。メニューにない料理のリクエストをもらうことも日常茶飯事だったが、この日はひととおり料理も出し終わり、冷蔵庫にはほとんど何も残っていない。そのうえ、すでに深夜で店はどこも閉まっており、いまさら買い出しにも出かけられない。どうしたものかと頭を抱えた末、苦しまぎれでまかない用のスイカを使うことにした。

夏のおやつといえば、子供の頃からスイカ一辺倒だった。近所のスイカ畑で収穫を手伝ってはお駄賃がわりにひと玉分けてもらい、井戸水で冷やして一人で丸ごとたいらげていた。その習慣のせいか、夏バテ気味でもスイカを食べると何故か食欲が出て元気になる。大人になってからも水がわりにしょっちゅうスイカをかじっていたから、その日もスイカだけは冷蔵庫にたくさん入っていたのだった。

そこに、残っていた生クリームとスポンジの切れ端を組み合わせ、ローソクを立てて形だけのバースデーケーキを作った。

「見た目だけそれっぽくしただけで、おいしくないから食べないでね」と言い添えて渡したのだが、ふと見るとほかのお客様まで一緒になって「おいしいね!」と、このフェイクケーキをほおばっている。

そんなはずは……? と、ひと口分けてもらうと、スイカのジューシーさと生クリームのなめらかさが絶妙にマッチし、さっぱりしていて口溶けがいい。

「スイカと生クリームがこんなにも合うなんて!」

あまりのおいしさに我ながら感動し、その年から夏になるたびにスイカのケーキを作るようになった。

スイカケーキの評判が広まるにつれ、「スイカの別の料理が食べたい」とリクエストをもらうようになった。その声に応えて少しずつメニューを開発していくうちに品数があっという間に増え、いつの間にやらコース料理が完成してしまった。

スイカのフルコースは今、夏が来るたびにメディアで取り上げられるほど、ヌキテパを代表する看板料理になっている。あのとき、無理だと感じながらも断らず、なんとか要望に応えようと必死に頭をひねったことが、今日のスペシャリテへとつながった。スイカのコースを作るたびにそのことを思い出し、「ゲストに喜んでもらいたい」という気持ちこそが、料理作りでもっとも大切なことに違いないと実感するのである。

スイカのケーキ

現在のスイカのケーキは、スイカのリキュールをスポンジに染み込ませて口溶けをよくしてある。まわりにはおろし金で細かくしたミント飴をちらし、ほんのりミントを香らせて、爽やかな後味に仕上げている。

Recipe

1 スイカのジャムを作る。スイカを裏漉してジュースを取り、鍋で1割量になるまで煮詰める。煮詰めた液体の1/5量の水飴を加え、さらに煮て濃度をつけ、常温でさます。
2 スポンジ生地（ジェノワーズ）を直径20㎝に焼き、厚さ1〜1.5㎝厚さに切る。スイカのリキュールとシロップを同量ずつ合わせ、スポンジ生地に刷毛で塗ってしっとりさせる。リキュールがなければ、シロップだけでもよい。
3 スイカは皮をむいて4㎝厚さの輪切りにする。特に甘い中心部分のみ使用し、残りは別の料理に使用する。
4 生クリームにグラニュー糖を加えて7分立てにし、スイカの上面にナッペする。**2**のスポンジ生地をのせ、上面と側面に生クリームをナッペし、10等分に切り分ける。スイカの糖度によっては、生クリームにグラニュー糖は加えない。
5 上部にスイカジャムをたらして皿にのせ、ミント飴（市販品）をおろし金で皿に軽く削りかける。

黄色い果肉の小玉スイカを半分に切り、種の大きさほどの穴を果肉全体に開けてウォッカを染み込ませる。これをそのまま凍らせ、エシャロットのムースと生ウニをのせた。食べている間にスイカが徐々に溶け出し、ウォッカとスイカ風味がムースに混じり合って、味わいが変化していくのが楽しい。黄色いスイカとウニの色合いの美しさから思いついた新作オードブルだ。

エシャロットはおろし金ですりおろすと苦味が引き出され、生クリームと合わせるだけでとても風味豊かなムースになる。しかし、生クリームなら何でもよいわけではなく、香りとコクが十分に感じられるものを使わなければ、濃厚なウニの甘味との一体感は得られない。僕の場合は、福岡県大牟田市に本社がある「オーム乳業」が作る、生乳のおいしさを感じられる生クリームを大変気に入って使っている。

仕上げに細かく刻んだウイキョウをちらし、スパイシーな甘い香りとほんのりとした苦味で全体を引き締めている。

Recipe

1　黄小玉スイカを半分に切り、アイスピックなどで大きめの穴を果肉全体に開け、ウォッカを染み込ませる。冷凍庫で1時間ほどかけて半氷状態に冷やす。
2　エシャロットをおろし金ですりおろし、7分立てにした生クリームと混ぜ合わせる。
3　器に氷を敷き詰め、黄小玉スイカをのせる。粗塩を軽くふりかける。スイカの中心に生ウニと2のエシャロットのムースを順にのせ、刻んだウイキョウをちらす。

黄小玉スイカとウニ ウォッカ風味

アワビとスイカの皮のサラダ

スイカのケーキの注文が増えるに従い、大量の皮が残るようになった。白い部分はまかないで消費していたが、それではまるで追いつかない。何か使い道はないだろうかと思案を巡らせていた。

白い部分は母が作ってくれるみそ汁の具の定番だった。子供のころから食べ慣れていて、ウリの感覚で幅広く扱えるのだが、問題は緑色の外皮部分。そのままでは固すぎて、素材を無駄なく使い切りたい僕もさすがに外皮だけは捨ててきた。だが、コース料理にするならスイカの魅力をあますことなく伝えたい。いろいろと試していくうちに、せん切りにして塩をふってしばらく置いておけば、少し柔らかくなってシャキシャキとした歯応えを楽しめることを発見。そこで、短冊切りにした白い部分と薄切りにしたアワビを組み合わせ、仕上げにせん切りにした外皮をふりかけて、食感のよさを生かしたサラダに仕立てた。

アワビの肝はゆでてから低温のオーブンで1時間ほど半乾燥させ、仕上げにのせてある。こうすると味が凝縮するだけでなく、肝の香りがクリアになり、風味がふくらむ。味つけはフレンチドレッシングをかけたり、オリーブオイルとレモン汁を合わせてみたりと、素材の状態によってそのつどアレンジする。今回は、塩こしょうで味を調えるかわりに、生のこしょうの塩漬けをふりかけて、辛味をきかせてみた。

Recipe

1　スイカの皮は白い部分と緑色の外皮に分ける。外皮はせん切りにして塩をふり、半日から1日おいてしんなりさせる。
2　アワビは殻からはずし、身は薄切りにする。肝はさっと塩ゆでし、150度のオーブンで1時間ほど乾燥させる。
3　オリーブオイルとレモン汁を混ぜ合わせてドレッシングを作る。
4　スイカの白い部分を薄い短冊切りにし、アワビの身と交互に皿に並べ、アワビの肝をのせる。塩漬けにしておいた生こしょうとスイカの外皮をちらす。

生でかじるのが当たり前のスイカに火を入れるのは、一筋縄ではいかなかった。炭火焼きにしたり、オーブンでロティしたり、煮てみたり。さまざまな調理法を試したところ、火をしっかり入れると食感がくにゅくにゅしてまずくなってしまうことが分かった。

スイカのソテー カラメリゼ

そこで、片面だけをフライパンの強火で一気に焼いて焦げ目をつけ、食感を残してみると大成功！　しゃりしゃりとしたスイカらしい食感はそのままに、ウリのような香りが立ちのぼり、焦げた香ばしさも相まって今までにない魅力を引き出すことができた。

スイカの上には、トマトと焼きなすのガルニチュールをのせ、仕上げにバジルの葉を一枚。スイカと同じウリ科のズッキーニから着想を得た、ニース風の仕立てである。

ソースにはトマトの煮凝りを使った。これはオーブンで焼いたトマトからにじみ出る液体を取り出したもので、ペクチンが豊富でとろみがあり、さめるとジュレ状になる。スーパーに出回っている一般的なトマトではペクチンが少なく、味の濃いトマトでないとおいしくできない。農家の方によれば、この差は品種ではなく、育て方にコツがあるという。よい土を使い、野生に近い厳しい環境で育てることで濃厚な味になるそうだ。

Recipe

1　トマトの煮凝りを作る。トマト20個ほどを鍋に入れて蓋をし、150〜160度のオーブンで2時間ほど加熱する。表面に透明な液体がにじみ出てくるので、すくい出す。水を足して蓋をし、液体が出てこなくなるまで15分ごとにすくい出す。この液体にはペクチンが含まれているのでとろみがある。味の濃いよい素材のトマトでないと、とろみがつきづらい。味を見て、ちょうどよい味と濃度になるまで煮詰める。

2　なすは網にのせて直火にかけ、皮が真っ黒になるまでよく焦がす。熱いうちに皮をむき、粗く刻んで冷やしておく。

3　焼きなすと刻んだトマトをあえ、塩で味を調える。

4　スイカは皮をむき、10㎝×4㎝、高さ3㎝程度の直方体に切る。片面にグラニュー糖をごく少量ふりかける。よく熱したフライパンで、グラニュー糖をふりかけた面を押しつけて焦げ目をつける。

5　皿にトマトの煮凝りを流し、スイカのソテーをのせる。上面に3をのせ、バジルの葉を飾る。

スイカのリゾットと太刀魚のポワレ　レモン風味

Recipe

1　スイカを手でつぶして果汁を絞り、果汁で米を固めに炊く。スイカの糖度が高すぎるようなら、水を加えて調整する。
2　鍋にバター少々を入れて熱し、1のスイカご飯を炒める。スイカの果汁を加えて味を調え、1㎝角に切ったスイカの果肉、コリアンダーシードを加えてさっと炒める。
3　太刀魚をおろして1人前ずつに切り分け、全体に塩をふる。フライパンを熱して太白ごま油を引き、強火で皮面を香ばしく焼く。焼き上がったら取り出してレモン汁をたっぷりかける。
4　皿にスイカのリゾットと太刀魚のポワレを盛りつけ、リゾットに塩を軽くふる。刻んだコリアンダーの葉をちらす。

スイカのリゾットはお気に入りメニューのひとつだ。水のかわりにスイカの果汁で米を炊き、バターと一緒に炒めながら、果汁で味を調える。仕上げにスイカの果肉を入れて軽く炒めたら完成。スイカが持つ青い香りとやさしい甘味がなんとも爽やかで、夏バテした身体に染み渡る滋味深いおいしさがある。

やさしい味なので、魚を合わせるなら淡白なものより個性的な風味のものがいい。きゅうりの匂いに似た鮎は、その代表格だ。リゾットが甘すぎると魚との相性は悪くなりがちで、糖度が高いスイカを使う場合は水で薄めるなど、合わせる魚によって甘味を微調整している。

今回は太刀魚のポワレを添えた。太刀魚の身は柔らかく、リゾットとの一体感を味わえるうえ、ほのかに感じる海藻の風味がスイカの香りによく合う。海藻の風味も強すぎるとスイカの香りが負けてしまう。ちょうど春～夏ぐらいの旬の時期が、香りの塩梅もちょうどよく、脂もよくのっている。

太刀魚が焼き上がったら、上からレモン汁をたっぷりかけるのがポイント。スイカのリゾットが甘いので、魚に酸味を足したほうが全体のバランスが整う。

ヌキテパの看板フルコース——スイカの料理

常連客が語る
ヌキテパの世界

ヌキテパはマジカルワールド

八巻元子

食べることが好き。それもだんぜん肉！　もちろん魚も好きだけど、選べと言われたら肉だわね。と、こんな風に六十五年ほど生きてきたところで衝撃の出合いが……。

それが「ヌキテパ」。じつは四季の味の前編集室とは目と鼻の先で、以前から評判を耳にしていた。三崎の魚介を中心とした料理を供してくれるという。なんとなく気にはなっていたのだが、近いことが災いしてそのままリタイアしてしまった。ひょんなことから初めて訪れたのが、定かではないが一年後くらいかしら。

まず店内の雰囲気がいい。格式ばらず、かといってカジュアル過ぎず、ともかく客に不要な緊張を強いないのがじつに好ましい。それでいて非日常のハレの場として成立している。やがてすぐに、それは田辺シェフの人柄そのままと知ることになる。

肝心の料理はというと、かれこれ十数年前だからきれいに忘れているが、強烈なインパクトを受けたのがスープ・ド・ポワソン。いやいや、もしかしたらこのスープの印象が強烈過ぎてほかの記憶が吹っ飛んだのかも。ともあれ、なにやら素朴な粉引のボウルによそわれていて、色合いもまるで子どもの泥遊びのよう。言うのも忌まわしい今どきの言葉、インスタ映えの対極にある。だからこそ、長年のカンからこの時点でビビッと来たのよね。一口すすって案の定、なにこの甘やかな香りと深い滋味！　魚に甘やかという表現は似つかわしくないが、そうとしか言いようがない。官能的、いやもっと直截《ちょくせつ》にセクシーなのよ。いくぶん塩がきついが、これも必然性があってのことと素人なりに解る。思わずサービスの方に「これクレームとか一切使っていませんよね？」と確認すると彼は胸を張って「はい！」と答えた。「シェフの魚愛ってすごいですね！」と言うと再び誇らしげに「はい！」と言う。これも後から知ったのだが、大小の磯魚を鱗も腸もそのままに水だけで煮出し、ガンガン叩き潰しながらシノアで濾すらしい。もちろん鮮度の良さが求められるだろうし、細部に恐ろしく手を掛けているのに違いないのだけれど、食べ手としてはそこまで知る必要はない。

遅ればせながら、私はこのときに磯魚のすごいポテンシャルを知った。「ああ、現役のときに取材したかった」と臍《ほぞ》を噛んだのである。そうそう、この時のサービスの青年との短いやりとりから、田辺シェフへの深い敬愛を感じ取ったのも印象深かった。

ともかく以降、かなり通い詰めた。真夏の西瓜コースの創意に驚き、火事場から拾ってきたかのような焼き蛤の味わいに感激し、土の料理に固定観念を小気味よくひっくり返され、訪れるたびに田辺年男その人に魅了される。シェフが、ボクサーからおでん屋を経てフランスへ修業に渡ったという異色の経歴の持ち主であることにも大いなる暗喩を感じた。

じつは某所でシェフ直伝というスープ・ド・ポアソンを食べたことがある。たしかに決して不味くはなかったが、くだんのスープはウエッジウッドのスープカップ&ソーサーで供された。これに違和感を覚えたのである。だって、出典は南仏の郷土料理でしょ？　気の置けない仲間内の飲み会にタキシードを着ていくようなものじゃない？　ここで、田辺シェフがなぜ素朴な粉引のボウルをずっと使うのかが明確になった。すごい感性だ！　魯山人の言を引くまでもなく器は料理の着物。しかるべき器を着せたときに料理も器も味さえも輝きを増す。これは四季の味の誌面作りでも学んだことだった。

プロの料理は作り手のメッセージであるべき、というのが持論。そしてそれは必ずしもお客に理解されるとは限らない。「なんだか分からないけど、ここの料理美味しいよね」で充分、とご本人も思っているのではないだろうか。

「ヌキテパ」の料理にいつもある種の潔さを感じる理由もここにある。自分の進むべき方向を見極める感性と確たる必然性、お客に媚びない見識。それは、どこから来るのか。フランス料理界という、全く未知の世界へ果敢に飛び込んだ田辺青年のかつての面影が、いまだに、その料理に重ね合わせることができるのはじつに貴い。

さて、蛇足のそしりを恐れながらも特筆すべきことがある。これほど“特異な”料理であるにもかかわらず、息苦しいストイシズムを微塵も感じさせないことだ。もちろん経歴をみてもストイックでないはずはない。しかし、これも当方の勝手な推測。じつのところどうなのかな。この際、真偽はさて置いて問題はどの皿からも田辺シェフの遊びが窺えるのよね。まるで鼻歌まじりで作ったかのような……。

そもそもお客からお金をいただく料理はエンターティメントであってほしい。作り手のストイシズムを誇示されると途端にしらけてしまう。それはもう料理人のエゴでしかないから。もっとも、作り手の流儀を押し付ける職人気取りの料理人が居て、ピリピリしながら食べることに快感を覚えるドMのお客もいるらしいけどね。これはこれでバランスが取れているのだろうが、まったく私の好みではない。料理店っていつもマジカルワールドであってほしい。ワクワクしたりドキドキしたりしながら、その時間そのものを愛でつつ満喫できたらもう最高よ。

来秋には傘寿を迎える私が、いつまで「ヌキテパ」を楽しめるかは神のみぞ知るだが、積み重ねた記憶という宝物はけっして失われることはないだろう。

やまき・もとこ

「クラシ・ヲ・アソブ」主宰。1944年和歌山県白浜生まれ。97年に『四季の味』にライターとして参加し、2001年に編集長に就任する。在任中には、山形県庄内支庁の要請を受けて食のアドバイザーとしても活躍。08年に『四季の味』を退職後は、長崎県の三河内焼首都圏販売促進プロジェクトアドバイザーや茨城県の農水産品販売促進プロジェクトアドバイザーとして活動し、器や食のイベントアドバイザーを歴任。三男二女孫九人曾孫一人。父は『四季の味』初代編集長・森須滋郎。

たくましく育った野菜は本物の味がする

農学博士の永田照喜治さんに紹介してもらった農家さんは、みんな「野菜が持つ本来の力強さ」を大切にしていた。彼らが育てる野菜は、どれも味がとても濃い。ただ甘いだけでなく、酸味も苦味もしっかりきいている。健康的で正直な味がするのだ。

本物の野菜の味を覚えていくうちに、この感動をお客様にも味わってもらわねばと使命感を抱くようになった。今では、おまかせコースのうち、最低でも一皿は必ず野菜を主役にした料理を提供するようになった。畑で採れた本物の味は、天然の海産物に並ぶヌキテパの二大素材となっている。

生産者と料理人をつなぐ産地直送グループ「おいしい本物を食べる会」も、正直な野菜を届けてくれるグループだ。永田さんに紹介してもらって以来、かれこれ35年以上の付き合いになる。

グループの一員である石橋健治さんは、埼玉県日高市でフランス料理やイタリア料理向けの西洋野菜を中心に手掛ける農家さんだ。

石橋さんとは、石橋さんの師匠にあたる中 健二さんからの長い付き合い。「雑草が生えていないような畑の野菜は怖くて食べられない」と話していた師匠の遺志を受け継ぎ、農薬を最小限にとどめ、毎日草刈りをしながら、一人で丁寧に野菜を育てている。

石橋さんが作る野菜は、どれも香りが抜群にいい。特にルッコラや大葉は大きく育て、その香りの強さと歯触りのよさといったら、ちょっとほかでは味わえない。いまや僕の料理にはなくてはならない存在だ。

絶大な信頼を寄せる
石橋さんの畑にて。
本物の味を届けてくれる
農家の方々が、
ヌキテパの料理を
支えてくれる。

大葉

大葉はほかにはない独特の香りがあり、もっとも日本らしいハーブだと思う。刺身のつまの定番であることから分かるように、海産物との相性は最高で、ウニやアワビなどを包んでも楽しい。

　この料理では、ルッコラとからし菜のサラダを特大サイズの大葉で巻き、さっとゆでたあさつきで結んでブーケ形にした。大葉は石橋さんに特注して育ててもらっており、葉の厚みと歯触りのよさがたまらない。

　サラダはシンプルなフレンチドレッシングとシェリーヴィネガーであえ、仕上げにガスパチョのソースを添えた。大葉に合わせて、ガスパチョにはきゅうりをたっぷりと使い、あえて青臭さを生かしている。これを食べれば、夏をすっきり過ごせる、酸味と辛味をきかせた爽やかなサラダだ。

大葉のサラダブーケ

Recipe

1　フレンチドレッシングを作る。赤ワインヴィネガー80mℓ、水20mℓ、エシャロットのみじん切り小さじ5、塩小さじ5、黒こしょう小さじ2を混ぜ合わせる。サラダ油1ℓを加えながら混ぜ合わせ、乳化させる。
2　ガスパチョを作る。同量のトマト、ピーマン、玉ねぎ、2倍量のきゅうりをそれぞれ刻み、おろしにんにく少々、タバスコ少々、クミンパウダー少々、オリーブオイル、赤ワインヴィネガー適量と一緒にミキサーでピュレにする。きゅうりを多く入れ、青臭さをきかせるのがポイント。裏漉してなめらかにする。
3　ルッコラとからし菜は水洗いして水分を拭き取り、塩、フレンチドレッシング、シェリーヴィネガーであえる。
4　あさつきは食感が残る程度にさっと塩ゆでし、さましておく。
5　ルッコラとからし菜を束ねて大葉で包み、あさつきで結ぶ。皿にガスパチョを注ぎ、大葉のブーケをのせる。

ゴーヤ

常夏の沖縄に魅せられ、20年ほど前からバカンスでよく訪れている。そこで出会ったのが、琉球料理の大家である山本彩香さんだった。彩香さんは元来の伝統琉球料理を守り抜いてきた料理人で、当時開いていた店は料理名も琉球語で書かれており、ツブ貝に似た沖縄特産の貝を黒糖に漬け込んだ料理や、ゴーヤの絞り汁を泡盛で伸ばした食前酒など、見たことも聞いたこともないようなレパートリ

ゴーヤのフリット タプナードソース

Recipe

1　グリーンオリーブのタプナードを作る。種を取ったグリーンオリーブ200gに対し、細かく骨切りをしたアンチョビ30g、ケッパー70g、オリーブオイル100㎖を加えてロボクープで回す。オリーブオイルを加えて濃度と味を調整する。
2　バルサミコソースを作る。エシャロットはみじん切りにしてオリーブオイルでしんなりするまでソテーする。
3　鍋に熟成バルサミコ酢、2のエシャロットのソテー少々、グラニュー糖少々を入れて火にかけ、砂糖が溶けたら茶漉しで漉す。
4　トマトは湯むきしておく。
5　ゴーヤはワタをつけたまま5㎝厚さのぶつ切りにし、さっと表面を水で濡らして片栗粉をまぶし、しばらくおいてなじませる。180度のサラダ油で中まで火が入りすぎないように気をつけながらさっと揚げる。
6　皿にゴーヤのフリットをのせ、上面にタプナードをのせる。
7　湯むきしたトマトとバジルを添え、バルサミコソースを流す。

ーの数々にすっかりファンになって通っていた。

　そんな彩香さんから、「沖縄ではゴーヤはワタ入りのまま食べる」のだと教わった。そこで出されたチャンプルーを食べ、その言葉に納得した。なるほど、ワタには特に苦味が詰まっていて、一番のごちそう部分だと思えた。

　そのときの驚きから生まれたのがこの料理。ゴーヤをぶつ切りにし、ワタごと大胆にフリットにした。芯の部分に冷たさが残るぐらいの半生状態に揚げるほうが、ゴーヤの苦味と食感が際立つ。

　ゴーヤの上には、グリーンオリーブのタプナードをのせ、トマトとバジリコを添えた。美しい海に太陽の光がふりそそぐニースと沖縄の情景を重ね合わせた一皿である。

苦味のきいた
ワタごと食べるのが
ゴーヤの真骨頂

つぼみ菜

2年ほど前に「おいしい本物を食べる会」から無農薬のものを送ってもらったのが、つぼみ菜との出会いだった。山菜にも通じるほろ苦さが魅力で、名前のとおり見た目がつぼみに似ているので、春の訪れを感じさせてくれるのもいい。

ゆでるだけでも十分おいしいが、高温にくぐらせたほうが苦味がより生きてくるので、もっぱらベニエで提供している。

苦味のある野菜には、トリュフの香りがとてもよく合う。ここでは、トリュフのみじん切りをジュ・ド・ヴィアンドに加えたソースを合わせ、ベニエとのからみをよくしている。ヌキテパでは肉料理を提供していないので、肉のフォンを取ることはまずないのだが、ジュは少量で仕込むことができ、野菜や海産物にも合わせやすいので重宝している。

つぼみ菜のベニエ

Recipe

1　ジュ・ド・ヴィアンドを作る。牛すじ肉300g、鶏手羽先300gを200度できつね色になるまで15〜20分オーブンで焼く。
2　ミルポワ（玉ねぎ、セロリ、にんじん）を1cm角に切り、合わせて300gを鍋に入れ、太白ごま油でこんがりと色づくまで炒める。
3　牛すじ肉と手羽先、トマトペースト大さじ1/2を加えてさらに炒める。白ワイン200㎖を加えて水分がなくなるまで煮詰める。
4　ブイヨン・ド・ヴォライユ2ℓを加え、沸騰したら弱火にし、アクを取りながらブーケ・ガルニ（タイム、ローリエ、ねぎの青い部分）を加え、2時間ほど煮込む。
5　半量ほどになったらシノワで漉し、濁っていたら布漉しする。
6　ベニエ生地を作る。そば粉と薄力粉各25gに対し、卵黄1個とビール75㎖を加えて混ぜ合わせ、30分ほど休ませる。
7　卵白1個分に塩ひとつまみを加え、角が立つまでよく泡立ててメレンゲを作る。
8　6に7を加え、手早くさっくりと混ぜ合わせる。
9　つぼみ菜をベニエ生地にくぐらせ、180度のサラダ油で色よく揚げる。半分に切り、断面に粗塩をふりかける。
10　ジュ・ド・ヴィアンドを使う分だけ取ってさらに煮詰め、濃度が出たら刻んだトリュフと少量のバターを加えて味を調える。
11　皿にトリュフのソースを流し、つぼみ菜を縦半分に切って盛りつける。

土っぽい
トリュフの香りが
苦い野菜には
よく合うんだ

ルッコラ

一般に流通しているルッコラは水耕栽培のもので、柔らかくて味も薄く、特別好きな素材ではなかった。だが、石橋さんが育てている路地栽培のものを食べて印象が激変した。茎がしゃっきりと太くて味が濃厚で、うまい苦さがある。これが本当に同じ種類かと疑わずにはいられないほど、まったくの別物なのだ。露地栽培のルッコラは、ハーブの中でも特に主張が強い。

普通ならルッコラを加熱調理しようという発想は持たないかもしれないが、路地栽培のものは違う。炒めることで香りがいっそう引き出され、持ち味を発揮できる。この料理では、フレンチドレッシングをふりかけて強火で3秒だけ一気に炒め、香りを高めながらシャキシャキ感も残している。

合わせたのは、相模湾で獲れた目鯛。透明感のある上品な白身で、ルッコラの苦味を受け止めるほどよい甘味がある。シンプルにポワレにし、アーモンドをふりかけてナッツの香ばしさをまとわせた。

ルッコラと目鯛

Recipe

1　ルッコラのピュレを作る。ルッコラは太い茎を中心に使い、さっとゆでて香りを引き出す。ミキサーでピュレにし、太白ごま油と塩で味を調える。
2　目鯛は3枚におろして1人前ずつに切り分け、全体に塩をふる。太白ごま油を引いたフライパンで皮面からふっくらと焼く。
3　よく熱したフライパンにルッコラを入れ、フレンチドレッシング（96ページのレシピ参照）をふりかけて3秒だけ炒め、すぐに取り出す。
4　皿に目鯛のポワレをのせ、刻んだローストアーモンドをふりかける。ルッコラの瞬間ソテーをたっぷり盛り、ルッコラのピュレを流す。

三十年の時を経て進化するヌキテパの新しい味

ズワイガニ

長年に渡り、近海の三崎や熱海の海産物だけを一途に扱ってきた僕だが、一昨年前からついに日本海の海産物を扱いはじめた。きっかけは、ヌキテパで長年働いてくれた柿谷精司くんだ。柿谷くんは10年前に地元・富山県で「KAKI's kitchen BASSA」をオープンし、イタリアンのシェフとして腕をふるっている。そんな彼が、地元で一番大きな網元を紹介してくれたのだ。

最初は獲れたてのズワイガニを現地で蒸してすぐに直送してくれたのだが、これが大変すばらしかった。ふっくらとした身は、噛むとうま味が口いっぱいに広がり、鮮度のよさが食べた瞬間に分かる。カニといえば、これまではワタリガニでビスクを作る程度で、特別気になる素材ではなかったのだが、網元から送られてきた濃厚なおいしさにすっかりノックアウトされ、昨年からさっそく冬の定番素材に仲間入りした。

カニは蒸したてが香りがもっとも強く立ちのぼるので、現在は活けガニをお願いし、調理場で蒸して使っている。ゆでたり焼いたりするよりもうま味が逃げづらく、調理法は蒸し一択だ。そこに、同じく蒸したてのホクホクとした和栗をのせ、底にはカニミソのソースを敷く。

カニと栗はちょうど9月から出回りはじめる旬が同じ素材だ。香り自体はまったく違うのだが、鼻からの香りの抜け方がよく似ている。そこに共通項を見出し、一緒に食べてみたところ、甘味のバランスもマッチし、すっかりお気に入りの組み合わせとなった。カニと和栗の意外な相性が楽しめる、秋から冬のごちそう料理である。

皿盛りバージョン。カニミソが少ない場合は、トリュフのみじん切りをバターに加えて火にかけ、香りを引き出した「トリュフバターソース」をかける。

カニと栗

Recipe

1　和栗は皮つきのまま15分ほど塩ゆでし、ザルにあげて粗熱を取る。半分に割ってスプーンで身を取り出す。
2　ズワイガニは丸ごと蒸し器で15分〜20分ほど蒸し、足を外して殻をむく。おいしいカニミソが詰まっている場合は、ミソを取って残しておく。
3　カニミソは焦げる寸前まで煮詰め、生クリームを加えて味を調え、ソースにする。
4　洗って乾燥させた甲羅を器にし、カニミソのソースを敷く。ズワイガニの足を並べ、和栗を軽く砕いてちらす。

ホタルイカ

ホタルイカも富山県から送ってもらうのが楽しみな素材のひとつだ。居酒屋などで食べる機会はあったものの、あまり感動した記憶はなかったのだが、網元から届くホタルイカで印象ががらりと変わった。

網元いわく、ホタルイカは鮮度が特に重要で、獲れた当日にゆでて、すぐに食べるのがもっともうまく、時間が経つにつれて香りがどんどん落ちていってしまうという。ゆでるのにも職人技が必要なようで、生のものを仕入れて調理場でゆでたこともあったが、現地でゆでてすぐ直送してもらったほうが香りがずっと強くてうまい。

そんな香り豊かなホタルイカを網で直火焼きにする。色づける程度に中途半端に焼くよりも、焦がすつもりでよく焼き上げたほうが内臓の苦味とうま味が引き立ってくる。

ソースはコクの強い熟成させたバルサミコ酢。ほんの少しだけ砂糖を入れ、エシャロットのソテーも加えて甘酸っぱい味に調えてある。内臓の風味に合わせ、付け合わせにもほろ苦いものを。特に土を感じる香りを持つ素材がよく合う。この料理では、ふきのとうを素揚げにして添え、ふきのとうの皮は乾燥焼きにしてサクサクとした食感に仕上げている。

ホタルイカのグリエ　バルサミコのソース

Recipe

1　ソースを作る。エシャロットはみじん切りにしてオリーブオイルでしんなりするまでソテーする。

2　鍋に熟成バルサミコ酢、エシャロットのソテー少々、グラニュー糖少々を入れて火にかけ、砂糖を溶かす。茶漉しで漉す。

3　ふきのとうは皮をむき、芯の部分だけを180度のサラダ油で素揚げする。皮はフライパンで乾燥焼きにする。

4　浜ゆでされたホタルイカを網にのせ、塩と黒こしょうをふって中火で直火焼きにする。よい香りが立ち、表面が軽く焦げたら焼き上がり。

5　皿にホタルイカを並べ、まわりにふきのとうの素揚げと皮の乾燥焼きをちらす。ソースをかける。

フォアグラの表面はガリッと強い食感になるようしっかり焼き色をつけると、いくらのプチプチ感との対比がより鮮明になる。

いくら

フォアグラといえば甘いソースを添えるのが鉄板だが、意外にも塩気の強い素材とも相性がいい。そこで、ポワレしたフォアグラに大好きな塩いくらをたっぷりのせて、新感覚の「プチプチフォアグラ」を作ってみた。

ポイントは、ポワレするさいにフォアグラに恐れず塩をしっかりふりかけること。塩を控えめにすると味がぼやけ、いくらの濃厚な味に負けてしまう。

いくらはそのままですでにうま味が凝縮しているので、余計な味つけは不要。フォアグラに合うように少量のレモン汁と醤油を合わせれば、そのままのせるだけでソースの役目を十分に果たしてくれる。仕上げに黒海苔を添えてうま味と香りを補えば、ヌキテパらしい海の香り漂うフォアグラ料理の完成だ。

プチプチフォアグラ

Recipe

1 乾燥した黒海苔に水と赤ワインヴィネガーを少量ふりかけ、しんなりさせておく。
2 鴨のフォアグラを1人前ずつに切り分け、塩、黒こしょうをふる。塩は強めにふるとよい。15分ほどおいて、軽く常温に戻しておく。
3 フライパンにサラダ油を引いて熱し、フォアグラの両面を濃いきつね色になるまでよく焼く。
4 塩いくらにレモン汁と水で薄めた醤油をほんの少量たらして混ぜ合わせ、味を調える。
5 皿にフォアグラをのせ、上に塩いくらをたっぷりのせる。黒海苔を添え、エディブルフラワーをちらす。

かじると
プチプチはじける
フォアグラはいかが？

多めの油で揚げ焼きにし、カダイフにこんがり色づける。

アカザエビのガレット

Recipe

1　アカザエビは殻をむき、身と頭、殻とに分ける。
2　頭と殻10尾分を鍋に入れ、1cm角に切ったミルポワ（にんじん、玉ねぎ、セロリ）を頭と殻の1/3量加え、太白ごま油できつね色になるまで炒める。
3　トマトペーストを少量加え、炒めて酸味を飛ばす。白ワイン少々とひたひたの水を加え、沸騰したら最初のアクを取り、弱火で15分ほど煮る。シノワで漉す。
4　アカザエビの身は軽く塩をふってカダイフで巻く。
5　鍋にサラダ油を多めに入れて熱し、きつね色になるまで揚げ焼きにする。エビの中心まで火が入るように焼くこと。網の上にのせて油を切る。
6　サラダ油を引いたフライパンに乾燥とうもろこしを入れて蓋をし、炒ってポップコーンを作る。ロボクープで軽く砕く。
7　3のソースを煮詰めて濃厚にし、生クリーム少々と塩で味を調える。
8　皿にアカザエビのガレットをのせ、砕いたポップコーンをふりかける。
9　7分立てにした生クリームを横に添え、ソースをかけ、ガラムマサラのパウダーをふりかける。

アカザエビ

シェフになりたての頃は、アカザエビは伊勢海老の10分の1の価格で入手できた。だが、1980年代のグルメブームでフランスやイタリアでの人気が周知されるようになり、今や伊勢海老の2倍の価格で取り引きされるようになってしまった。それでも、火を入れたときの雑味のないクリアなおいしさはほかの海老には代え難く、高級食材となった今でもおまかせコースを中心に使い続けている。

海老は加熱すると固くなるので火の入れすぎはもちろん厳禁だが、半生状態ではアカザエビが持つ香りは引き出しきれない。中心までちょうど火が入りきった「ジャストな火入れ」を目指すのがポイントだ。身のまわりにカダイフを巻いたら、多めの油で揚げ焼きにし、一気に火を通す。海老フライの感覚でサクサクのカダイフをまとわせれば、食感にアクセントがついてアカザエビらしいむっちりとした食感とうま味が引き立つ。

ソースは、アカザエビの頭で作ったみその風味たっぷりのアメリケーヌ。それを泡立てた生クリームにかけ、ガラムマサラをふりかけてスパイシーでエキゾチックな味にした。仕上げに、ポップコーンをロボクープで砕いてふりかけ、香ばしさと食感のよさをいっそう高めている。

焼きパパイヤとシェーブル

Recipe

1　1㎝幅に切った食パン、ひと口大に切ったパパイヤ、2㎝厚さの輪切りにしたシェーブルチーズをフライパンにのせ、強火にかけてバターを加え、焦げ目がつくまで一気に焼く。
2　皿に盛りつける。

1990年代に一大ブームを巻き起こしたテレビ番組「料理の鉄人」には、僕も一度出演したことがある。制限時間内に納得のいく料理を作る緊張感はスポーツの試合さながらで、対決する各分野の一流料理人たちの技術やアイデアを間近で見られる面白さにも気分が高揚したものだ。

「料理の鉄人」の成功を受け、その後も料理バトル番組が続々と作られた。そのうちのひとつに、中華、和食、フレンチの料理人3人でバトルをする番組があった。

僕が出演した回のテーマは「チャーハン」。簡単そうに思えたが、いざ考え出すと本番直前になってもフランス風チャーハンのよいアイデアが浮かばない。何も決まらないまま無情にも収録がはじまり、苦肉の策で食パンを細かくちぎってバターでソテーし、スタジオに用意されていたブルーチーズ、セロリ、洋梨をじっくり炒め、チーズとの「カビつながり」で納豆もプラスし、そのまま皿に盛りつけた。

米を使っていないので「チャーパンです」と冗談めかして審査員に提供したところ、なんとぶっちぎりで優勝。作った本人も仰天の大番狂わせだった。

そのときの記憶をたどりながら、ソテーした食パンに夏を感じる素材を組み合わせ、今のヌキテパらしい新作料理を作ってみた。使ったのはフランス産のシェーブルチーズ。日本ではチーズは冬のイメージが強いようだが、シェーブルは夏場に一番味が濃厚になっておいしい。山羊ミルクらしい独特の香りには、同じく独特の風味を持ち、おだやかな酸味を持ったパパイヤがよく合う。

これらの素材をフライパンに一緒にのせ、食パン、バターを少々加えて焼く。炒めるというよりは、下手にいじらずに強めの火加減で焦げ目をつけるのがおいしさの秘訣だ。

同じトロピカルフルーツでも、マンゴーならシェーブルより青カビの辛味がきいたロックフォールチーズが似合う。冬はベリー系のフルーツをチーズと合わせるのも面白い。フルーツごとにベストなチーズの組み合わせを探していけば、1年を通して楽しい味が見つけられるはずだ。

円筒状の形が特徴的なフランスロワール産のシェーブルチーズ「サントモール・ド・トゥーレーヌ」。柔らかく、山羊のミルクの深いコクと爽やかな酸味が魅力。

本マグロ

カルパッチョといえば、日本では白身魚を使うのが主流になっているが、フランスではマグロを使うことが多い。白身魚とはまた違う濃厚さが好きで、渡仏中にはよく食べたものだ。

そのイメージで、フランボワーズとレモンの爽やかなソースを本マグロの大トロに合わせ、フルーツの甘酸っぱさで大トロの脂とのバランスを調え、みずみずしい皿に仕上げてみた。大トロは薄切りにして蒸したビーツのスライスと交互に重ね、その土の香りでヌキテパらしさも盛り込んである。

マグロは必ず冷凍していないものを使う。冷凍技術が上がったとはいえ、解凍後はどうしても水分が出てくるし、生はやっぱり香りが段違いによい。脂ののった大トロが口の中でとろけたとき、風味がより強く、濃厚に感じられるのだ。

上に飾ったのは、ビーツの泡。ビーツの皮を煮込んで色と香りを抽出した液体を泡立てたもので、ビーツの香りを補強する役割だ。根菜は魚と同じく皮に香りが凝縮していて、捨ててしまうのはあまりにももったいない。どんな素材でも、すべての部位にそれぞれのおいしさがあるから、あまさず使い切りたいものである。

大トロは口溶けのよさを最大限に生かすため、常温に戻してから薄切りにする。

蒸して薄切りにしたビーツと大トロの薄切りを交互に重ねる。大トロには粗塩を軽くふっておく。

木苺のピュレを上からたっぷりかける。全体が真紅に染まった鮮やかな料理だ。

本マグロとビーツ

Recipe

1　ビーツはよく洗い、皮つきのまま粗塩をふってアルミホイルに包み、180度のオーブンで2〜3時間、串がすっと通るまで蒸し焼きにする。
2　さめたら皮をむいて、薄切りにする。皮はかぶる程度の水で煮出し、赤くて香りのよいジュースを取る。
3　木苺とレモン汁少々をミキサーにかけてピュレにし、シノワで漉す。
4　本マグロの大トロは常温に戻して薄切りにする。ビーツと大トロを交互に重ねて皿に盛りつける。大トロにはそのつど粗塩を軽くふる。途中で玉ねぎのスライスを少量のせ、木苺のソースを流す。
5　ビーツの皮のジュース300mℓをぬるい程度に温め、大豆レシチン20gを加えて溶かす。ポンプで泡立て、大トロの上にのせる。

そば粉

ひしこ鰯のベニエでも薄力粉のかわりにそば粉を使ったように、僕は無類のそば好きだ。そばの名店「竹やぶ」には昔から足しげく通っていて、いつのまにか店主の阿部孝雄さんとはよきゴルフ仲間となり、竹やぶで使う上質なそば粉を分けていただけるようにもなった。

現在店で使っているのは、竹やぶの店内で石臼挽きしたそば粉で、驚くほど香り高い。実は新そばよりもひねそば（昨年の古いそばのこと）のほうがより香りが強く感じられて、僕はひねの実を使ったそば粉のほうが好きだ。

はじめはベニエに使っていただけだったが、香り高いそば粉を脇役においておくのが惜しくなり、フランス料理流の食べ方で風味を存分に味わえる方法を考えるようになった。

そば粉に3倍量の水を加えて練り合わせていくと、よく伸びてむっちりとした食感に変化していく。

思いついたのが、そば粉のニョッキである。といっても、水とそば粉を混ぜ合わせて火にかけ、もっちりとした食感になるまで練り合わせていくだけなので、ニョッキというよりはそばがきに近いかもしれない。

合わせるのはトマトのフォンデュ。トリュフやキャビアなどいろいろな素材を組み合わせてみたのだが、結局トマトの爽やかさがもっともシンプルにそば粉の香りを引き立ててくれるので、今はもっぱらトマトばかり合わせている。

ポイントはトマトを煮詰める前にオリーブオイルでエシャロットと鷹の爪を軽く炒め、辛味をよくきかせること。刺激的な辛味がアクセントとなり、より風味が際立ってくる。和食とはまた違う、そばの新たな魅力を発掘できたように思う。

そば粉のニョッキ風

Recipe

1 フライパンにオリーブオイル、みじん切りにした鷹の爪とエシャロットを入れ、香りが立ってくるまで炒める。
2 湯むきして刻んでおいたトマトを加え、水分がなくなるまで煮詰め、塩で味を調える。
3 鍋にそば粉を入れ、そば粉の3倍量の水を加える。新そばの場合は、水を2.5倍量に減らすとよい。強火にかけながら練り合わせ、ひとまとめになってむっちりとした食感になったら出来上がり。
4 そば粉のニョッキをすくって皿に盛り、**2**のトマトフォンデュをのせる。

小柱

最近は、ヌキテパの代名詞であるはまぐりが手に入りづらくなってきている。２０２２年は天候不良が続き、海が時化《しけ》て漁に出られず、秋から冬の旬の時期に１か月以上入荷できなかった。料理人人生ではじめてのことだ。

自然環境の変化とともに、料理も変化していくべきなのだろう。この事件をきっかけに、大好きなはまぐりのかわりになる貝料理を模索した。そこで出会ったのが、小柱である。

青柳の貝柱である小柱は、帆立貝に比べて繊維が引き締まっていて、小粒ながら味がぎゅっと凝縮している。

「このうま味の強さと歯応えなら、はまぐりに負けない料理が作れるに違いない！」

そう直感したが、人気が高く、寿司屋の間でも争奪戦になっているらしい。魚問屋に頼んでもなかなか売ってもらえなかったが、根気強く交渉を続け、ついにまとまった量を手に入れられるようになった。

小柱は生のままで味も歯応えも十分感じられるので、刺身で使う。そこに、古代米のリゾットをドレッシングがわりに添える。古代米は歯応えが残る程度に炊き、フレンチドレッシングとヘーゼルナッツオイルで酸味と香ばしさをつける。貝の出し汁で煮ることも考えたが、小柱と古代米本来の味を大切にしたいという思いから、あえて水だけで炊いている。かわりに、ローストしたヘーゼルナッツを砕いて加え、ナッツの香ばしさでコクを補っている。

小柱と古代米のリゾット

Recipe

1　古代米は少し多めの水と一緒に鍋で沸騰させ、弱火にして歯応えが残る程度の固さに15分ほど炊く。
2　ヘーゼルナッツは180度のオーブンで10分ほどローストし、刻む。
3　96ページを参照し、エシャロットを多めにしてフレンチドレッシングを作り、古代米にあえる。ヘーゼルナッツを加えてあえ、塩と赤ワインヴィネガーで味を調える。
4　皿に盛り、軽くヘーゼルナッツオイルをふりかける。
5　小柱に軽く塩をふってリゾットの上にのせる。半分に切ったシャインマスカットを中心にのせる。

松茸

松茸はスライスしてサラマンダーの一番近い火で瞬間的に焼き、香りを引き出す。

秋になると常連のお客様から「松茸を食べたい」というリクエストの声が届く。本来なら、香りをストレートに生かした焼き松茸にかぼすをジュッと絞るのが一番うまいところだが、せっかくヌキテパに来てくれるのだから、フランス料理らしさを感じられるような松茸の新しい魅力を引き出して、味わってもらいたい。松茸とは対照的な香りがあり、コクの強い素材と組み合わせれば、松茸の香りを引き立てながら、意外な相性も楽しんでもらえるのではないだろうか。

選んだのは、ピスタチオとロックフォールチーズ。どちらも僕が大好きな素材で、ピスタチオはナッツの中でも独特の香りがあるし、ロックフォールもチーズの中で特に個性が強い。やさしい風味を合わせるよりも、あえて香りが強いもの同士をぶつけたほうが、それぞれが個性を主張し合って黄金バランスが生まれる。

松茸は火を入れすぎると香りが飛んでしまうので、できるだけ短時間で香りを引き出す。スライスしてオリーブオイルをふりかけ、サラマンダーの近火で1分ほど一気に焼けば、香りもふくらみ、シャキシャキ感もよく残る。

松茸の歯応えのよさを強調するには、組み合わせる素材に余計な食感は不要。ピスタチオとチーズは、それぞれなめらかなアイスクリームに仕立て、焼きたての熱々松茸と温度にも緩急をつけ、対照的な風味をいっそう強調している。

松茸の瞬間焼き
2種のアイスクリーム

Recipe

1　ピスタチオは沸騰した湯で柔らかくなるまで15〜20分ほどゆでる。
2　水を切り、ピスタチオ100gに対して牛乳500㎖を加えて火にかけ、沸騰したら弱火で2〜3分ほど煮る。塩少々を加えて味を調える。
3　さめたらミキサーにかけて裏漉し、アイスクリームマシンにかける。
4　ロックフォールチーズ70〜100gと牛乳500㎖をミキサーにかけてなめらかにし、アイスクリームマシンにかける。
5　松茸はスライスし、バットに並べる。オリーブオイルをふりかけて塩をふり、サラマンダーの近火で片面だけを1分〜1分半焼く。
6　松茸を皿に盛り、ピスタチオとロックフォールのアイスクリームをそれぞれクネル形にしてのせる。エディブルフラワーをちらす。

昆布

最近、白身魚の昆布締めに凝っている。

昆布の香りとうま味は淡白な魚の風味を濃厚にしてくれるし、味の濃い魚の場合はさらに力強くなり、個性が際立つ。同じ昆布締めでも、昆布をそのまま使うのと、一度オーブンで乾燥させてから使うのとでは香りの出方がまったく違う。個性や合わせるソースによって、どちらの方法が適しているかを見極めるのも楽しい作業だ。

白身魚のもっとも好きな食べ方は、オーソドックスに濃厚なブール・ブランソースをかけること。魚にもソースと互角に渡り合える力強さがほしいから、イサキのように独特の風味を持ったものを使い、昆布は高温のオーブンで乾燥焼きにして香りを十分引き出してから昆布締めにする。巻いた昆布ごとオーブンで焼けば、焦げた香ばしさも加わり、パンチの効いた一皿が完成する。

一方で、ブール・ブランソースはフラン

イサキの乾燥昆布締め ブール・ブランのソース

Recipe

1　イサキはうろこを取り、3枚におろす。
2　昆布は魚よりひとまわり大きくカットし、白ワインでさっと洗う。160度のオーブンで5〜6分ほど乾燥させておく。
3　昆布でイサキの身を挟み、ラップで包んで冷蔵庫で一晩寝かせる。
4　ラップをはずし、イサキの身に軽く塩をふる。身が昆布にくっつかないよう、昆布にバターを軽く塗り、イサキを皮面を上にしてのせる。もう一枚の昆布にもバターを塗ってイサキの上にのせ、昆布ごと230度のオーブンで5分ほど一気に焼く。
5　ブール・ブランのソースを作る。エシャロット3個を薄切りにして鍋に入れ、太白ごま油をほんの少しふりかけ、蓋をして中火にかける。焦がさないようにときどきかき混ぜ、水分が抜けて香りが出てきたら、白ワイン1/2本を加え、水分がなくなるまで煮詰める。
6　焦げないように混ぜながら水150㎖を加えて5分煮込み、ワインとエシャロットの香りを液体に移し、目の細かいシノワで漉す。
7　液体を使う分だけ煮詰めて味を調え、塩やグラニュー糖で味を調える。小さく切った冷たいバターを加え、泡立て器で混ぜながら溶かし込む。
8　ポルチーニ茸は半分に切り、太白ごま油を引いたフライパンで両面に焼き色をつける。
9　皿にブール・ブランのソースを流し、イサキを昆布ごと盛りつける。ポルチーニ茸を添える。昆布は別皿で提供してもよい。

ス料理を食べ慣れるほど、飽きやすい味でもあると思う。10年以上通ってくださる常連客が増えた今、白身魚のおいしさをブール・ブランソースとは違う角度からも表現したいと考えるようになった。そこで新たに取り入れるようになったのが、晩白柚《ばんぺいゆ》である。

晩白柚は世界最大の柑橘で、日向夏やグレープフルーツよりさらに苦味が強く、ほどよい酸味でくせになる独特の風味がある。もともと「ソース・アグリューム」（柑橘のソース）を甲殻類や白身魚に合わせるのはフランス料理の定番だから、晩白柚の香りとほろ苦さに出会い、すぐに「これは白身魚に合う！」とピンときたのだ。

この料理では、昆布締めの魚に晩白柚の果肉をのせ、紙で包んでオーブンで焼き上げる。紙包みにすることで身はふっくらと蒸し焼きになり、昆布のうま味と晩白柚の風味が混ざり合って味に一体感も生まれる。

晩白柚には、淡白であっさりとした目鯛を合わせる。昆布はオーブンで乾燥させずにそのまま、香りをほどよく身に移し、ブール・ブランソースとは対照的な軽くて爽やかな味わいに仕上げている。

目鯛の昆布締めのポーピエット 晩白柚風味

Recipe

1 目鯛は3枚におろし、昆布で包んで一晩昆布締めにする。
2 昆布から目鯛を取り出し、太白ごま油を引いたフライパンで表面に軽く焼き色をつける。ここでは中まで火を入れないように気をつける。
3 目鯛の身に塩をふって昆布締めで使った昆布にのせ、晩白柚の果肉、エシャロットのみじん切りをのせて白ワインを軽くふりかける。昆布で巻いてオーブンペーパーで包み、200度のオーブンで7～8分焼く。

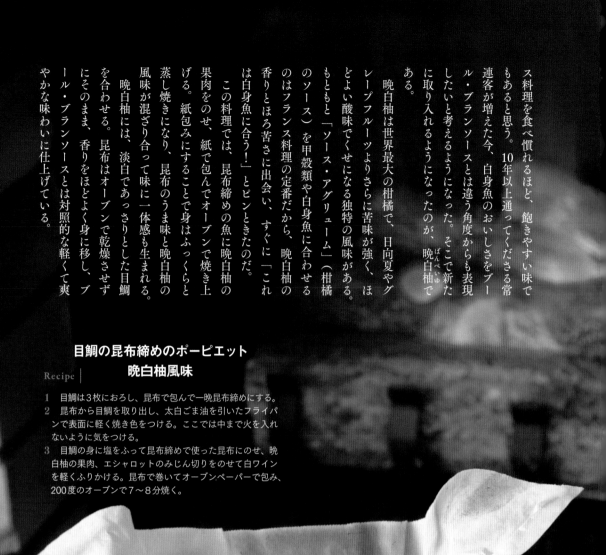

おわりに

わずか8坪だけの小さな店「あ・た・ごおる」から100坪の一軒家「ヌキテパ」へと店を広げ、家賃もスタッフの人数も10倍に増えた。苦労しながらもやっと経営が軌道に乗りはじめた2008年、リーマン・ショックが世界を襲った。店には閑古鳥が鳴き、オープン当初には1日に百人のお客様で賑わっていたものが、席数を3分の1にまで減らさざるを得なくなった。苦しい状況が続いたが、席数を絞ったことで素材と向き合える時間が増え、かえって料理の個性を磨くことができ、ありがたいことに足しげく通ってくださる常連のお客様たちと出会うことができた。

数々の苦難を乗り越え、僕の店が35年ものあいだ幸せな場所であり続けていられたのは、店を支えてくれた歴代スタッフたちと、一緒に店を盛り上げてくださったお客様たちのおかげだ。そして、料理をする楽しさを僕に教えてくれるのは、自然の力でたくましく育った海産物や野菜をはじめとするすばらしい素材だった。いつも最高の素材を届けてくれる生産者の方々には、感謝してもしきれない。

修業時代からの仲間たち、お世話になったシェフや先輩、後輩たち。これまで出会った多くの人たちから影響を受け、僕の料

店を支えてくれた歴代のサービススタッフたちと妻

ヌキテパで活躍してくれた歴代の腕利き料理人たち

理のスタイルは少しずつ出来上がっていった。中でも、30歳を間近にして料理の世界に飛び込み、右も左も分からなかった僕にフランス料理の圧倒的な世界を教え、「フランス料理人として生きていこう」と決心させてくれた師、「オー・ミラドー」の勝俣 登さんは、生涯の恩人である。

そして、誰よりもそばで支えてくれた妻の悦子。飲食業界とは縁遠い世界にいたのに、ヌキテパのために必死に仕事を習得し、口下手な僕に代わってサービスを一手に引き受け、店を盛り上げてくれている。日々の体調管理にも気を配ってくれる君なくして、ヌキテパと僕はありえない。本当にありがとう。

ヌキテパに関わってくれたすべての人に心からの感謝を捧げます。

大学時代に打ち込んだ体操では、オリンピックの候補選手に選ばれるところまでいったが、怪我で断念した。プロボクサー時代には、世界という夢を目前にして心臓の病で打ち砕かれた。それでも、生活のためにはじめたおでんの屋台で料理の面白さに目覚め、フランス料理という一生涯の道を見つけることができた。

少しぐらいじゃへこたれないという負けん気が、いまも調理場に立ち続けられている最大の理由なのかもしれない。

これまでの集大成としてまとめた本書を今度は出発点とし、さらなる飛躍を目指してこれからも突き進んでゆきます。

30周年を迎えるヌキテパの現役メンバー

ヌキテパ
Ne Quittez pas
東京都品川区東五反田3-15-19
☎03-3442-2382
http://nequittezpas.com

PROFILE

田辺 年男 （たなべ・としお）

1949年茨城県水戸市生まれ。大学時代には体操のオリンピック候補選手、卒業後はプロボクサーという異色の経歴を持つ。1979年フランス料理の名店「ビストロ・ド・ラ・シテ」で本格的にフランス料理修業をスタート。1980年に単身渡仏し、ミシュラン三つ星「レスペランス」「ヴィヴァロア」「ラ・マレ」で修業を積む。1988年 にオーナーシェフとして恵比寿「あ・た・ごおる」を開店。1994年に五反田に移転し、店名を「ヌキテパ」へと改名。革新的な「土のコース」料理が話題を集め、国内外のメディアにも多く取り上げられる。2017年に厚生労働省「現代の名工」を受章。

ヌキテパ

季節の海産物と畑のフランス料理

発行日　2024年2月20日　初版発行

著　者　田辺《たなべ》年男《としお》

発行人　早嶋　茂
制作者　井上久尚
発行所　株式会社 旭屋出版
〒160-0005
東京都新宿区愛住町23-2 ベルックス新宿ビルII 6階
電話 03-5369-6423（販売）
03-5369-6424（編集）
FAX 03-5369-6431（販売）
郵便振替　00150-1-19572
旭屋出版ホームページ　https://asahiya-jp.com
印刷・製本　株式会社 シナノ パブリッシング プレス

撮影　南都礼子
デザイン　津嶋佐代子（津嶋デザイン事務所）
企画編集　オフィスSNOW（木村奈緒、畑中三応子）

定価はカバーに表示してあります。
落丁本・乱丁本はお取り替えいたします。

PRINTED IN JAPAN ISBN978-4-7511-1517-6